地方自治ジャーナルブックレットNo.49

政令指定都市が めざすもの

高寄 昇三

公人の友社

はしがき

　最近の地方行政で、目立つ動きは、市町村合併とともに多くの政令指定都市・中核市・特例市の誕生である。
　このような地方分権の流れのなかで、政令指定都市をどう評価し、何を期待するのかである。政令指定都市は、一般的に道府県なみの権限を有し、大都市として、高く評価されている。
　しかし、このような評価は、あきらかに過大評価であり、間違っている。指定都市は、地方制度上は、道府県の支配・監督・指導のもとにあり、基礎的サービス機関である。
　ただ指定都市は、道府県から事務事業を移譲され、一般的市町村より、行政範囲が広いだけである。しかも許認可権の多くは、道府県に留保され、財源にも特別税源は、付与されていない。指定都市財政の貧乏物語は、絶えることなくつづいている。
　しかし、指定都市は、それにもかかわらず、日本の画一的地方制度のなかで、特異な地位をしめており、それは明治以来、苦難の地方自治権運動の歴史的産物である。
　指定都市の実像を知るには、従来、地方行財政で軽視されてきた、都道府県・市町村の関係に、論及しなければならない。都道府県は、政府機関として中央統制システムの一端をにない、政府の許認可権を代行し、都道府県経由方式でもって、市町村に君臨しているのである。
　指定都市は、まさにこの都道府県の市町村統治網からの、離脱・独立をめざした、地方自治権拡充の分権制度である。
　都市自治体の自治的要求は、中央統制システムと、対立するだけでなく、政府の府県拠点・府県経由・府県優先方式という、道府県の市町村支配への、批判に必然的に発展する。

地方行財政における、都道府県介在方式という、間接的統治方式は、国・地方の行財政責任を曖昧にし、地方行政処理の停滞を、もたらしている。

　地方分権は、政府・自治体の分権のみでなく、都道府県・市町村の分権なくしては、永遠に未完の分権として、終わる運命にある。都道府県の市町村支配は、政府の中央統制のように、表面化し、関心を集めないが、まぎれもなく府県は、'ミニ政府'であり、'擬似霞ヶ関'である。

　近年の動きとしての、指定都市・中核市・特例市への、段階的事務移譲は、政府公認の流れであり、地方分権のうねりの一環である。指定都市制度は、財源保障の裏づけのある、制度としてさらなる、拡充をめざす転機を迎えている。

　しかし、指定都市は政治的に非力であり、行財政環境は依然として、府県枢軸で回っており、指定都市の将来は、楽観をゆるさない。

　地方行財政は、大きな変動期を迎えており、ある意味では、指定都市拡充のチャンスである。しかし、行政的力学で劣勢にある、指定都市が、地方制度改革のうねりのなかで、都制導入によって、府県制に飲み込まれる、恐れも覚悟しなければならい。

　大都市運動は、政治・行政的によほど、慎重に展開しないと、運動の孤立化を深め、府県・町村の挟撃によって、挫折敗北の憂き目をみかねない。

　それにもかかわらず、指定都市拡充運動は、地方分権をめざす、基本的性格をもっており、その成果は、市町村のみでなく、地方自治全体に及ぶ。指定都市として、地方分権改革・道州制形成への動きを、綿密に分析して、政策的合理性にもとづいた、選択が求められる。

　ともあれ指定都市は、17市になり、岡山市が加わると、18市になる。政治的には強化され、道州制への転換を好機として、一致して、特別市制の実現を、めざすべきである。

　ただ指定都市制度の充実は、手段であっても、目標ではない。あくまで都市政策・都市自治の確立が、目的である。そして指定都市の結束による、都市政策・都市自治の先駆的実績が、問われているのである。

はしがき

　本書は、指定都市の課題、とくに財源拡充の方策をまとめたものであり、運動の参考していただければ、幸いである。なお出版の配慮をいただいた、公人の友社武内英晴社長に、心から感謝します。

平成21年2月

高寄　昇三

目　次

Ⅰ　大都市行財政制度改革の視点 ………………………… 7
　1　画一的地方制度・統制的運営の打破をめざす …………… 8
　2　府県間接統制システムからの脱却を図る ………………… 10
　3　大都市財政貧困のメカニズムを変革する ………………… 16

Ⅱ　大都市行政制度変革の動向 ………………………………… 23
　1　政令指定都市に期待する役割は何か ……………………… 24
　2　指定都市は道州制・府県制にどう対応するか …………… 30
　3　指定都市充実の処方箋をどう描くか ……………………… 37

Ⅲ　大都市税財政制度改革の論点 ……………………………… 43
　1　政府・大都市の施策対立を克服する ……………………… 44
　2　虚構の大都市財政富裕論を淘汰する ……………………… 51
　3　大都市財政の需要と財源の落差をうめる ………………… 56

Ⅳ　大都市財政拡充策の処方箋 ………………………………… 59
　1　大都市財政の復権を構築する ……………………………… 60
　2　大都市財源の政策的創出をすすめる ……………………… 72

Ⅰ　大都市行財政制度改革の視点

I　大都市行財政制度改革の視点

1　画一的地方制度・統制的運営の打破をめざす

　地方行財政運営の一般的対応は、図1のように画一的制度、機関委任事務、許認可行政を基本としており、このような運営システムが、中央統制の特徴である。
　したがって指定都市制度は、この例外措置であり、それだけに指定都市の権限拡張は、困難をともなう。ことに見落とされているのが、この中央統制システムが、府県拠点・経由・優先方針で、運営されている実態である。
　要するに指定都市の充実には、国・地方の漠然とした地方分権運動だけでなく、道府県・指定都市という、地方団体間の地方分権の確立という、二重の課題が、介在している。

図1　中央統制システムと指定都市

中央統制システム	行政自治回復運動	指定都市設立成果
画一基準方式 機関委任方式 許認可方式	特例措置要求 府県経由回避 許認可統廃合	段階的事務移譲 現地総合性確保 自主行政権拡充

　第1の特徴は、「**画一的制度運営システム**」である。政府の画一的制度化の要請は根強く、大都市の特殊性を考慮した対応は、例外的措置に止まっている。
　第1に、「**府県拠点方式**」である。要するに1都道府県1施設などの、必置規制の多くは、都道府県であり、行政的必要性とは、無関係である。
　たとえば政府が、消費者庁を設置するとして、政府だけでは体裁がとれないので、都道府県には必置施設として、補助金でもって消費者センターを設置させる。

政府としては、これで行政的体面はたったので、市町村は任意で対応すれば、大きな支障はない。財源問題が浮上すれば、交付税措置をしていることに、すればよいことになる。
　しかし、市民の立場からみれば、身近な市町村になければ、消費者行政といっても、実効性はない、政府は府県経由で、通達などを流しているが、所詮、政府の自己満足に過ぎない。
　しかも一般的には訓令・通達は都道府県知事あてであり、一刻一秒を争う、食品公害・伝染病でも、指定都市へは、ストレートには伝達されない。このような間接的迂回的行政システムで、果たして緊急時に即応できるのかである。
　発生の可能性・予防実効性からみて、2,400万人の人口と、研究機関・保健所をもつ、指定都市の存在を考えると、都道府県なみに取扱わなければ、きわめて不都合な事態が、発生しかねない。衛生行政であれば、せめて保健所設置の中核市・特例市は、中央省庁が、直接的に対応すべきである。
　しかし、政府としては、多数の市町村にまで対応できず、効率的に行政を処理するには、府県経由方式が、最適と考えている。要するに市町村行政は、府県の指導にまかす、官治的行政からの、脱却はすすんでいない。現地総合性からみて、間接的方式は、あまりすぐれた方式とはいえない。
　第2に、「**例外的措置による誘導方式**」である。日本の近代地方自治制度の運用は、画一制度を創設して、その例外的措置を求めて、地方団体が、政府に陳情することで、政府の中央統制を担保してきた。
　たとえば戦前、自治体に超過課税の権限は、なかったので、政府に対して、ほとんどすべての地方団体が、制限外課税を申請した。
　そのため町村でも、膨大な申請書類の作成に労力をついやした。政府は地方財政における、経費節減の要請を、繰り返し通達していたが、許認可行政にともなう、膨大な行政コストの浪費には、政府は目をつむったままであった。
　もっとも超過課税は、戦後、自治体権限となったので、事態は少し改善されたが、許認可行政は基本的には変更されていない。たとえば指定都市の特

例的権限は、制限列挙方式であり、新しい制度・法令・措置ができるたびに、中央省庁に掛け合い、指定都市の特例を求めなければならない。

都市的行政を多くかかえる、指定都市は、今日でも、例外措置を求めて、政府・道府県との軋轢はつづいている。

しかし、本来、指定都市の例外措置は、政策的合理性・地方分権的動向を、政府が察知して、都道府県なみに扱うか、例外規定を事前に盛り込むべきである。要するに政府の後向きの姿勢が、中央統制を培養する、皮肉な状況を形成しているのである。

2　府県間接統制システムからの脱却を図る

第2の特徴は、「**機関委任事務方式**」である。近年の地方分権改革で、法定受託事務と名称変更があったが、実質的には機関委任事務方式が、踏襲されている。

この機関委任事務方式の特徴は、第1に、「**財源保障なき事務移譲**」である。この機関委任事務方式について、戦前から財源措置もないままに、無制限に強制的に事務事業の処理を、地方団体にさせてよいのかという、素朴な疑問があった。

内務省も機関委任事務は、明治32年、閣議了解事項としたが、中央省庁は、このような拘束を反故にしていった。地方財政悪化の元凶は、まさに機関委任事務であった。

第2に、「**委任契約なき処理委任方式**」である。この機関委任事務方式は、地方自治の原則に反するシステムである。

法定受託事務になったのであれば、国・地方が、個別の国政委任事務について、契約を地方3団体と締結すべきである。それは公法関係でなく、別個の団体相互の私法関係である。かって大阪府摂津市の保育所超過負担訴訟で、展開された論理である。

指定都市にとって、対岸の火事として、傍観していてはならない。生活保護費の国庫補助率引き下げ、小学校教員費負担の府県からの移管などを考えると、国政委任事務の関係は、明確にしなければならない。

第3に、「**権限なき事務移譲**」である。事務・権限・財源配分の基本原則は、事務・権限・財源の3点セットで、処理されるべきである。指定都市制度の失敗は、財源・権限なき事務委譲という、最悪の方式であった。

今後の事務再配分においては、財源補填措置のない事務事業は、受けるべきでないし、既存の事務事業の返上も、視野に入れておかなければならない。市町村は、社会保障サービス事務の受託団体であっても、元来、費用負担団体ではないはずである。介護保険料・健康保険料で、倍以上の差が、市町村間であってはならない。実際は市町村を無理やり、事業主体にした、強引な委任方式のツケとして、負担格差が生じている。

第4に、「**委任方式の複雑性**」である。都道府県が政府と市町村の中間にあって、行政処理方法や、費用負担をしているが、政府の行政・財政責任を曖昧にし、市町村財政負担の実態をも、不明確にしている。ヨコ割方式で、処理すべきである。

介護保険などで、都道府県負担も認めているが、交付税・交付金システムの発達した、今日では、市町村負担か、政府負担かで処理するか、全額府県方式とすべきである。

第3の特徴は、「**許認可行政**」である。中央統制の重要な手段である。地方行政のあらゆる分野に及び、原則的には地方団体は、その規模・能力に関係なく、許認可を要求された。

第1に、「**許認可行政の逆効果**」である。実際、許認可が必要かといえば、ほとんどは必要がない。地方債の許可をみると、地方自治体が、自分で資金を調達し、自己財源で償還していくのである。

地方債の許可制度がなければ、地方団体が過剰な地方債を発行し、地方団体は財政破綻をきたすので、政府による許可が、必要といわれてきた。実際は北海道夕張市の事例を見ても、途方もない市債の許可がみとめられ、許可

制の抑制機能は、まったく機能不全に陥っている。

　しかも地方債許可制が、交付税の補填財源として乱用されたので、地方財政の肥大化は、許可制によって、もたらされた。いいかえれば、政府公認の財政破綻である。

　このような明白な地方債許可制の失敗がみられても、許可制は、事前協議制という、延命装置で存続している。さらに財源対策・補填債が、多くなると、政府の意向を無視して、地方債の発行が、事実上は困難となる。

　指定都市としては、政府のみでなく、道府県の拘束をうけているが、分権・現地総合性の原則にもとづいて、1つ1つ根気よく、それらの撤廃を実現させていく、地味な行政努力が求められている。

　第2に、「利益誘導型の政策ミス」である。中央統制は、財源付与などの利益誘導を手段として浸透していることは、周知の事実である。これらの利益配分を誘引として、天下り人事が行われ、中央統制を確実にするだけでなく、中央官僚の思想・行動が、地方団体職員にも感染している。

　中央省庁の利益誘導施策によって、国民経済が大きな損失を被っている。卑近な事例では、政府は景気対策として、交付税措置で、地方団体に単独事業を拡大させ、継続的に建設投資を拡大していったが、結局は、景気も回復せず、地域も活性化することはなかった。

　すなわち政府の政策選択のミスが、ストレートに地方財政の破綻に連動している。このように政府の利益誘導方式の、施策選択・決定システムは、地方団体の事務事業の選別を、狂わせてきたのである。すなわち自己責任の決定方式が、ベストである。

　指定都市は、都市行政における、事務事業の選択において、施策の最適化の先例を示し、政府の誘導施策の是正を、求めていかなければならない。

　たとえば公共投資の費用効果分析にもとづく、公共投資システムとして、事業評価方式の実践的最適事業を提示して、政府方針の転換を迫るべきである。

　また保育所サービスにおいても、認可保育所だけでは、対応不可能であり、非認可保育サービス所をふくめた、総合的サービスの行財政措置を、政府に

迫り、保育行政の転換を図っていかなければならない。

　第3に、「**道府県介在方式の弊害**」である。許認可の多くは、府県介在方式で処理され、許認可にともなう、市町村の事務負担を、倍増させているのみでなく、より不確実にしている。

　道府県に拒否されても、市町村は、行政・政治ルートを駆使して、中央省庁に陳情し、政治による、迂回方式がひろがっているが、これらは地方自治の堕落にも、つながりかねないのである。

　戦後においても、この基本メカニズムは崩れていない。補助金・交付税・地方債の許認可は、すべて都道府県経由であり、市町村は都道府県に、生殺与奪の権限を握られている。

　このような都道府県中継・経由方式は、自己責任の意識、現地総合性の判断からみて、決して優れたシステムではない。すなわち都道府県が、介在することで、政策選択の最適化が、乱されているのである。

　このような介在方式の欠陥は、災害という緊急事態になると、鮮明な現象となって、露呈する。阪神大震災において、自衛隊派遣要請が、府県経由方式であったことが、改めて問題となった。

　具体的事業でも、土地区画整理事業は、神戸市の都市計画審議会で可決し、更に兵庫県の都市計画審議会の議決が、必要であった。広域幹線道路の計画ならば、ともかく区画整理事業など、広域性のない事業にどうして、二重審査といえる、県の関与が必要なのかである。

　都道府県の論理は、「三度塗り」という、独自の理屈である。すなわち市町村の自己審査、都道府県での再審査、そして政府の最終審査が、必要ということであるが、事業決定の最適化という点では、民主化・科学化が、制度改革として優先すべき課題である。

　第4の特徴は、「**段階的事務移譲の停滞**」である。中央統制システムの許認可・補助金・事務移譲の整理によって、次第に緩和され、縮小しつつある。

　その典型的事例が、地方団体の規模に合わせての、事務事業の移譲である。戦前はほとんど見られなかった。許認可の廃止・整理が基本方針であった。

戦前の府県は１万人ちかい地方待遇職員という、膨大な人員をかかえて、国政委任事務を処理していた。

戦前、旧６大都市が、政府に運動して、事務事業の移譲をもとめたが、大正10、11年の「大都市行政監督に関係する法律・件」での、許認可のみであった。事務事業の移管はなかった。

例外は大正７年の道路法による、国道・府県道の管理移管であったが、管理のための財源移譲はなかった。

歴史的にみれば、段階的事務移譲方式は、地方分権化の流れに、そった方式であるが、財源・権限移譲をともなった、実質的な移譲は、遅々としてすすんでいない。

第１に、「戦後改革の挫折」である。警察行政・教育行政が、市町村事務となったことは、画期的な改革であったが、行政・財政能力から、結局は都道府県事務化され、戦前の府県事業方式に逆もどりした。

小学校教育行政では、小学校教員任命権を、都道府県が掌握し、教員給与費も都道府県が、依然と負担する、変則的方式が存続している。しかし、大都市だけは、除外され、小学校教員任命権が、例外とされたが、給与負担なき任命権という、変則事態が生じ、今日まで、このねじれ現象は存続している。

第２に、「**財源なき段階的事務移譲**」である。指定都市制度は、一般行政における事務事業移譲としては、初めて実地に実施した先例である。以後、中核市・特例市などとつづいており、段階的事務移譲方式は、定着していった。

段階的事務移譲は、基礎的自治体がもつ、現地総合性にもとづく、事務配分であり、行政改革としても、事務事業の効率的処理・行政実効性など、多くの政策的合理性を、充足している。ただ段階的事務移譲のアキレス腱は、権限・財源なき事務移譲である。

もしこの点が、完全に解消されれば、市町村サイドの事務移譲の要請も強くなり、政府がのぞむ市町村合併も、飛躍的に進展するはずである。

町村合併について、巨額の交付税措置が採用されているが、事務事業については、交付税はきわめて冷淡である。正常な町村合併促進には、このような地味な財政配慮が、不可欠であることを認識すべきである。

　第3に、「**段階的事務移譲の戦略図式**」は、図2にみられるように、政府から府県、府県から市町村への、事務移譲の、いわゆるトコロテン方式の展開である。

　政府の中央統制、都道府県経由方式の崩壊で、経済社会の発展、国政委任事務の重圧、市町村の自治・自立の要請が、政府をして、段階的事務移譲を本格的にすすめる事態となった。

　補完の原則をベースに、"地域のことは地域で"を、合言葉で推進されようとしている。府県が市町村に事務移譲をして、身軽になった分は、政府出先機関の吸収などで、府県事務の拡大を図っていく図式が、もっとも合理性にかなった事務移譲方式である。

　基本原則は、事務事業は、すべて市町村に現地総合の原則から移譲し、市町村の行財政能力を、こえる事務事業については、補完の原則から都道府県、そして政府が分担する、システムでなければならない。しかし、現実は逆であり、政府がすべてを掌握し、権限は府県に代行執行させ、能力を無視して事務事業は市町村に処理させている。

　このような時代錯誤的システムは、次第に綻びをみせているが、地方自治体は、この地方分権変革の過程で、直轄事業負担金の廃止、行財政責任の明

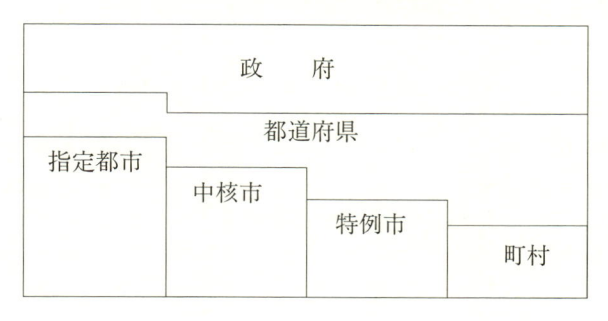

図2　地方行政の事務配分

政　　府			
指定都市	都道府県		
	中核市	特例市	
			町村

確化、府県介在方式の淘汰を、同時にすすめなければならない。

3　大都市財政貧困のメカニズムを変革する

　財源配分の基本方針は、財政需要に対応して、財源付与がなされるべきである。しかし、現実は、地方財政改革があっても、財源的辻褄合わせですませ、制度改革の実績は乏しい。

　ただ指定都市をめぐる、地方財政システム（図3参照）をみると、大都市の財政需要を無視した、システムのもとで、国庫・府県の優先・優遇措置が採用されている。

　大都市富裕団体論、財源調整機能重視のもとで、費用負担原則は、歪められている。都市整備の財政負担に即した、特別税・交付金制度をもっと活用すべきである。また国庫補助金・地方交付税において、財政需要に対応した、システムに変更すべきである。

　地方税では、画一的地方税体系では、財政需要に即応した、地方税体系の形成は、不可能で、自治体の課税自主権を、大幅に認める制度に改革すべきである。

　すなわち中央統制・財源調整と、財政自主権・特別財源方式の調和・妥協が、肝要であって、一方的な中央統制の優先、画一的制度の強要では、適正な地方財政の運用は、なされないのである。

　第1に、「財政需要と財源配分の乖離」である。財源配分の基本原則は、財

図3　地方財政システムと指定都市

中央統制財政システム	費用負担是正システム	自立的財政運用システム
財政需要と財源配分の遊離　町村財政救済方針　国庫・府県優先主義	特別税・交付金の活用　財源調整制度の適正化　補助金・交付税の変革	都市税制優先主義　特別財政需要尊重　財政自主権活用

政需要に要する財源配分、租税原則にもとづく税源配分といった、原理ではなく、その時々の政府・地方団体の財政状況から、財源が付与されている。

1つに、「**需要と財源配分のズレ**」である。たとえば都道府県・市町村財政の税源配分をみると、人件費・法定的費用の多い、都道府県には安定的税源を、建設費・変動的費用の多い都市には、成長・偏在性の高い税目の配分が、なされなければならない。

しかし、実際の地方税配分は、都道府県に変動・偏在性のある、事業税などが付与され、府県財政における地域格差が、より拡大している。

都市財政は、本来、財政需要の変動性・偏在性の大きな財政である。戦前の都市自治体は、府県より高い税率で、所得税・営業収益税などの付加税を課税し、都市財源としていた。

政府は、財政需要として法定の事務事業が、想定され、都市問題などを想定していないから、都市財政は、税源配分では不利である。

近年、地方税において、交付金制の導入が、活発である。利子割交付金・配当割交付金・株式等譲渡所得割交付金などであるが、注目されるのは、ゴルフ場利用税交付金・自動車取得税交付金・軽油引取税交付金で、府県税の一部を、費用負担の原則から、府県から市町村へと、交付されている。

要するに財政需要と財源配分の一致は、画一的制度の地方税では、対応不可能で、交付税、譲与税などの即効的システムを導入し、多様な対応をしなければならない。

2つに、「**費用発生と財源付与のズレ**」である。市民1人が、市内に流入すると、小学校・保育所・幼稚園など、その市税負担の100倍の施設整備費が必要となるが、補助金・交付税ではおいつかず、地方債の膨張となり、指定都市財政は、慢性的赤字状況に喘ぐことになる。

また自動車は、1台新規登録されると、計算的には30㎡の道路新設が、必要となるが、建設費は大都市では、用地費をふくめると、数百万円はこえるが、自動車税は府県税である。国道・府県道を管理している、指定都市にとっては、受益者負担の原則に反する、税源配分になっている。

政府は、従来、実際の地方財政における、財政需要を無視し、人為的に創作された、地域開発・地方振興などの、架空の財政需要をふくらませて、地方財政システムに組み込んでいった。

　そして無理な財政支出が、生み出した財政負担の後始末に、交付税・地方債システムを総動員して、補填財源を傾斜投入しているため、ますます財源不足となる、悪循環に陥っている。

　第2に、「**大都市貧困の悪循環**」である。地方団体への財源付与において、財源保障より、財政力格差の発生を、予防するため、財源調整が、優先される。そのため大都市は、つねに水平的財源調整の犠牲になってきた。大正14年改革、昭和15年改革、そしてシャウプ改革のいずれでも、財源喪失につながっている。

　1つに、富裕都市論は、「**私経済と公経済の混同**」である。私経済の恩恵は、政府．府県が、吸収しており、都市自治体は、集積の利益の跡始末だけである。

　実際問題として、指定都市の市税収入の伸びは、道府県・一般市町村よりも低く、財政需要は、当然、大きいという、貧困のメカニズムが作用している。

　この貧困の悪循環をたつには、一般税制のみでなく、宅地開発税・建築税・入市税などの、受益者負担が不可欠である。その意味では、現行の事業所税は、課税標準が甘く、負担が軽いといえる。

　2つに、「**財源調整より財源保障**」である。財源配分においては、財源調整に傾斜することなく、財源保障が前提条件である。指定都市の多くが、交付税の交付団体というのは、財源配分の状況として、きわめてアブノーマルなのである。

　指定都市にとって、今後とも財源調整と大都市財政との関係を分析して、大都市財政の貧困性の原因を究明しなければならない。

　第3に、「**課税自主権の制限**」である。政府は、地方税体系においても、画一的制度で対応していこうとするが、一般的な全国的普通税では、財政需要にみあった、体系は不可能である。

1つは、「課税自主権の行使」である。大都市圏では、地域の財政需要に対応するには、特別税・超過課税、不均一課税、法定外税などを活用し、自己財源をみいだし、地方都市圏では、財源調整措置で財源補填をしていく、複眼的な柔軟な対応が、実効性があり効果的である。

すなわち画一的地方税では、需要と税源の不一致が、課税自主権で調整するのが、適正な対応である。

課税自主権の実践例としては、昭和49年の東京都の不均一超過課税が、口火となり、指定都市もほとんどが、追随して、その恩恵を被っている。超過課税の効果は、政策的効果もある。

たとえば東京都の事業税超過課税に、財源の東京都集中を非難する、論調がみられるが、東京一極集中を是正する、地方分散効果があることは、見落とされている。

さらに、東京都は、補助金カットなどの財源調整の減額分を、超過課税で、補填している。画一的地方税制度の硬直的運用では、期待できない、政策的財源配分・調整効果を、もたらしているのである。

2つに、「大都市財政の自力解決」をめざすべきである。指定都市に求められているのは、政府への要望行動のみでなく、行財政自主権にもとづく、財政困窮状況の自力的解決をめざす行動である。

高度成長期、都市財政の実態は、都市自治体に'権限なき財政自主権'の活用を求めていった。高度成長期、補助金・交付税措置も、都市財政需要には対応できない。都市自治体は、宅地開発指導要綱を策定し、"権限なき行政"で、宅地整備財源を、確保してきた。

都市自治体のこのような自己防衛策が誘因となり、政府も補助金・交付税・地方債システムを動員して、財源支援・補填措置を、地方財政に注入していったのである。

典型的事例が、大規模宅地開発関連の基盤整備補助金の創設である。保育所超過負担では、大阪府摂津市の訴訟が、制度改革に大きな影響を与えた。自治体は、政府要望・陳情だけでは、事態の打開が、のぞめないケースがあっ

たことを認識しなければならない。

　そしてこのような行為が、政府をして、大都市財政の貧困を認識させ、都市問題の重要性へと、洗脳させていく、もっとも有効な刺激策なのである。

　事務事業の移譲、地方財源の再配分が、先行しているが、地方分権の核心は、監督権限の整理であり、淘汰である。財源配分より、地方自治権の活用が、先決課題である。

　3つに、「財政自主権制限の撤廃」である。たとえば、政府にとって、地方債発行を自由化し、自治体の課税権を放任して、どのような不都合が、みられるのであろうか。法定外税でも、一定の基準さえ、法令できめておれば、自治体の乱用があれば、その廃止・抑制を、司法の判断に求めれば、よいのである。

　現に東京都銀行税、神奈川県臨時特例企業税は、その合法性をめぐって、争われている。国・地方の関係を、公法関係としてとらえ、なにごとも指導・支配関係で処理するのは、憲法がみとめる、地方自治の本旨に悖るであろう。

　地方分権の推進には、何よりも、政治家・官僚の中央統制的な意識の洗脳が、先決事項である。極論すれば、確固たる地方自治意識の欠落した、財源・事務事業の移譲は、やがて換骨奪胎され、地方財政の貧困は、復元されるであろう。

　今日の地方分権改革でも、多くは許可制から協議制へと、衣がえをしただけで、地方分権への信奉性は、うかがうことはできない。

　しかも許可制のもとに、地方財政運営を破綻させ、地方財政運営を歪め、地方自治体のモラル・ハザードを、ひきおこしている。さらに許可・協議制が、完全に廃止になれば、総務省への事務手続き費用だけでも、巨額の経費の節減となるであろう。

　このように中央統制の運営システムと、その運用の実態を、くどくどと論じてきたのは、地方自治の復権なくしては、指定都市の税財源拡充の実現は、不可能であるからである。

　行政ベースでは、どうしても拙速的に財源獲得への運動へと、傾斜していく

が、指定都市の確立には、地方自治のそのものの成熟が、不可欠の前提条件なのである。

Ⅱ　大都市行政制度変革の動向

1 政令指定都市に期待する役割は何か

政令指定都市の誕生が、つづいているが、政令指定都市になっても、事務事業が移管され、財源のもちだしがふえるので、財源的メリットはない。しかも指定都市となると、政府公団・プロジェクトなどへの、道府県なみの負担金が求められる。

要するに都合のよいときだけ、都道府県として扱われ、財源・権限などの、根幹的事項については、一般市町村なみに、冷遇されている。政府の通達をみても、都道府県知事宛が、ほとんどであり、指定都市市長宛は、稀にみられる程度である。

しかし、指定都市は、制度発足当時、事務事業の移管は、16項目であったが、その後次第に増加して、500項目をこえる。財政規模も大きくなり、制度としては、不完全・未成熟であるが、行財政実態は、制度的といえるまでに、充実している。

政令指定都市の現況を見ると、第1に、「**特例的都市の増加**」(表1参照)である。指定都市は、昭和31年の政令指定都市が、発足した時点では、旧5大都市であったが、現在は17団体である。注目されるのは、中核市・特例市の増加である。

表1 地方公共団体数の推移

区 分	昭31	平10	平13	平19
大都市	5	12	12	17
中核市		17	27	37
特例市			10	39
都 市	486	641	621	691
町 村	4,285	2,562	2,557	1,022

第2に、「**指定都市の現況**」(表2参照)は、平成19年3月で、全国人口は、都市1億1,362万人、町村1,341万人の合計1億2,703万人で、指定都市人口は、全国人口の18.9%、面積は、都市20万9,499 k㎡、町村16万2,377K㎡の合計37万1,876K㎡で、指定都市は全国の2.1%に過ぎない。

表2　政令指定都市の現況

区　分	人口千人	面積k㎡	財政規模18年決算 (百万円)	財政力指数	移行年月日
札幌市	1,874	1,121	773,343	0.67	昭47.4.1
仙台市	1,001	788	390,316	0.82	平 1.4.1
さいたま市	1,179	217	376,503	0.99	平15.4.1
千葉市	910	272	348,402	0.99	平 4.4.1
川崎市	1,316	144	521,733	1.04	昭47.4.1
横浜市	3,563	437	1,312,066	0.95	昭31.9.1
新潟市	804	726	294,125	0.69	平19.4.1
静岡市	712	1,389	251,291	0.88	昭31.9.1
浜松市	788	1,511	245,394	0.89	平19.4.1
名古屋市	2,154	326	984,714	0.99	昭31.9.1
京都市	1,390	827	679,145	0.69	昭31.9.1
大阪市	2,510	222	1,587,643	0.89	昭31.9.1
堺市	832	150	284,976	0.78	平18.4.1
神戸市	1,503	553	732,165	0.66	昭31.9.1
広島市	1,145	905	513,525	0.78	昭55.4.1
北九州市	987	488	503,521	0.66	昭38.4.1
福岡市	1,363	341	676,536	0.81	昭47.4.1
合　計	24,031	8,180	10,475,398		

資料『市町村別決算状況調・平成18年度』

第3に、「**指定都市の特例事項**」(表3参照)は、法令的事項以外に、事実上

Ⅱ　大都市行政制度変革の動向

の事項もある。指定都市制度が、寄木細工の特例措置の集合体と、いわれる理由でもある。

　事務事業は500件ちかく、移譲されているが、主要権限は移譲されていない。病院開設の許可権は移譲されているが、市街地開発事業組合設立・液化石油ガス貯蔵施設規制、老人保健施設開設・訪問介護事業者の指定など、都市行政と関係の深い権限が、道府県に留保されている。

　日常的に情報がすくなく、行政実務経験も少ない、府県がこれら監督権限を執行するには、地理的条件を考えても、行政コストは割高となるであろう。

　特例措置としては、行政では生活保護・保健所・建築基準法関係は、今日では多くの都市に移譲されており、指定都市のメリットとはいえない。

　その他の必置施設として、児童相談所など、設置する審議会として、社会福祉審議会などがある。特に目立つ事項を、強いてあげれば、国道・道府県道の管理と、道府県が給与費を負担する、小学校教員の人事権、市場公募債・宝くじ発行である。

表3　指定都市の特例的措置

行政的事項		財政的事項	
地方自治法に事項	生活保護、保健所行政、建築基準行政	地方税関係	固定資産税大規模償却資産の特例、市民税法人均等割金額など、
その他の法令事項	国道・道府県道の管理、小学校教員の任免権	財政関係	市場公募債、宝くじ発行、道路関係特例

　政府のみでなく、道府県も権限は、市町村が要望しても、容易に移譲しない。多くの権限は、道府県がもつ、変則的状況にあり、指定都市のみが、留保されている、例外的権限は少ない。

　しかも重要な点は、指定都市の特例的措置は、あくまで例外的措置であって、現行の制度・法令・運用は、原則的には、都道府県方式であって、法令・措置でも、指定都市が要望しなければ、都道府県方式で実施される。

　第4に、「原則は府県処理方式」である。日常的行政では、それほど痛感

しないが、災害などの緊急事態には、市民救済・経済復興に大きな支障となる。阪神大震災（**表4参照**）では、この都道府県経由方式の欠陥が、大規模に露呈した。

実際、災害復興という、事業を都道府県経由・許認可方式で処理するには、きわめて多くの不都合が発生する。また財源的にも道府県負担方式といっても、超過負担があっても、交付税算入率が、95％で、府県の実質的負担は、きわめて軽い。

一方、市町村は、認定外・超過負担・低補助率事業が、多く発生し、財政負担は実質的にきわめて重い。神戸市は、災害廃棄物の無料搬入で、阪神間のごみもふくめて、折角のごみ処分場が、満杯となり、実質的に巨額の損失を被った。

かりに市町村直接処理方式で、事業執行をすれば、財源的収支では、数％程度の効率性を上げることができ、市町村負担は、カバーできる。

阪神大震災の生活復興は、既存の救済システムでは、対応できなかったので、長崎県普賢岳災害にならって、阪神・淡路復興基金（9,000億円，兵庫県・神戸市出資金比率2対1）が、設置された。

表4　災害関係事業の府県・指定都市事業方式・財源負担割合

事業名	実施機関	経由方式	財政補助状況
災害廃棄物処理	市町村	なし	国庫2分の1、市町村2分の1、交付税算入率96％
仮設住宅建設	市町村	府県	国庫5分の4、府県5分の1、交付税算入率95％
避難所の管理	市町村	府県	国庫5分の4、府県5分に1、交付税算入率95％
給食の提供	市町村	府県	国庫5分の4、府県5分の1、交付税算入率95％
土地区画整理	市町村	なし	国庫2分の1、市町村2分の1、交付税算入率36％

出典　高寄昇三『阪神大震災と自治体の対応』212頁。

基金の利子収入で、財源は捻出されたが、利子分の95％は、国庫が交付税で措置をした。しかし、被災市には西宮市・芦屋市といった、富裕団体もあり、指定都市というだけで、なぜ神戸市だけが、出資金に応じなければならないのかである。

さらに出資金比率が、2対1であるので、当然、県主導で基金の支給はなされた。しかし、このような災害生活支援という、現地総合性が強く求められる、事務事業において、府県方式という、間接的処理方式は、実際の住民ニーズには即応できない。

　神戸市・西宮市・芦屋市にそれぞれ、復興基金を設置し、県は基金運営の基本的方針を決定するという、システムが優れている。

　都市型大災害における、都市自治体の対応について、指定都市は、今日でもあまり真剣に対応していない。

　災害応援協定程度はあるが、資金・人材・情報などを、含めた制度的研究・協力システムが、緊急課題であるが、より切実な問題は、直接的救助・復興システムへの制度的改正を迫ることである。

　要するに災害行政を、みるまでもなく、指定都市の特例措置は、あくまで例外であり、基本は都道府県処理方式である。要するに指定都市は、国政委任事務の実働部隊に過ぎない。

　このように指定都市の現状は、決して大都市にふさわしい、権限・財源・事務が付与されている状況にはない。ことに新規事務に対する財源補填が、ないのに、なぜ都市自治体は、政令指定都市・中核都市への移行をめざすのかである。

　財源的損失を覚悟での選択は、単なるステイタス・シンボルの要求であるはずがない。その理由は、つぎのようにいえるであろう。

　第1に、「**自己処理方式のメリット**」である。財源的メリットはほとんどなく、すべては交付税の財政需要算入で処理されてしまう。道路譲与税の移譲があるが、国道・府県道の管理移管があるので、財政収支は差し引きゼロである。

　ただ道路事業をみると、道府県管理事業の場合、当該都市の整備は、何時になるかわからない。そのため道路整備の要望を、府県にしなければならない。道府県によっては、郡部を優先し、市部は後回しにされることが、めずらしくない。したがって少々の財源的収支の損失を、覚悟してでも、自己処

理が得策となる。

　第2に、「府県支配からの離脱」である。事務事業の移譲に比して、権限は道府県に留保されているものも多いが、指定都市になると、補助金・交付税・地方債などは、府県経由方式がなくなり、財政運営における、自立性は高まっている。

　最大のメリットは、行財政運営における、道府県支配からの離脱で、政府の直轄支配下に入ることで、政府・道府県の二重支配を、免れることである。

　第3に、「総合行政の費用効果」である。移管によって財源的負担はふえ、行財政責任も重くなるが、都市行政の政策対応はすすみ、実質的な、行財政効果はあがる。

　たとえば保健所事務・建築確認事務が、なければ満足な行政はできない。根幹的行政は、府県が分担しており、都市サイドの要請に即応してくれない、もどかしさが募り、自己処理に走ってしまう。市立高等学校が、その現れである。下手をすると、府県行政の下請けを、無料でさせられることにもなりかねない。

　一般的に町村合併の効果は、一般行政費の効率化である。かりに人口1万人の町村が、合併し5万人の市になると、行政コストは30％節減されると試算されている。

　指定都市化で、いくら行政コストが、節減されたとの試算はないが、申請書類の作成費、府県庁への日参、事務事業決定の遅れなど、巨額の財政出費の軽減になっているはずである。

　結局、これら特例都市制度は、当該都市自治体が、府県監督離脱の行政簡素化効果、事務事業拡大の総合行政効果などを活用して、行財政改革を実施し、自治体としてふさわしい実績を、創造することにある。

　指定都市は、虚構の制度であるが、それでも府県支配からの離脱、都市自治体として自治権活用の余地が、大きくなったことはたしかである。

　もっとも指定都市の特例的要望は、ともすれば大都市エゴとの市町村から非難をかい、道府県との紛糾を招いてきた。しかし、指定都市の要求のおお

くは、地方自治の要請にそうものである。指定都市が多くなれば、大都市エゴの風当たりは、当然、弱まり、行政・政治能力も高まっていく。

　このような新しい状況のもとで、自治権活用による、地方自治の向上、都市政策の展開によって、指定都市の存在価値を発揮しなければならない。すなわち事務・権限の移譲は、同時に行政責任も、発生するのであり、'内なる指定都市化'として、卓抜した都市政策の先駆的実践が求められているのである。

2　指定都市は道州制・府県制にどう対応するか

　近年、地方分権の動きは、次第に現実味を帯びてきているが、指定都市は、地方制度改革の動きのなかで、どう対応するかである。

　第1に、「**道州制**」への対応である。道州制導入となれば、地方行政制度の大改正であり、指定都市としても対応策は、準備しておく必要がある。ただどのような道州制(**図4参照**)が、導入されるかで、指定都市の対応も、違ってくる。

　第1タイプは、「**政府地方出先機関統合・府県吸収型**」である。道州制としては、政府の出先機関を統合し、府県事務事業も吸収する、完全道州制である。要するに府県制度が廃止され、現行の市町村制度が、そのまま存続す

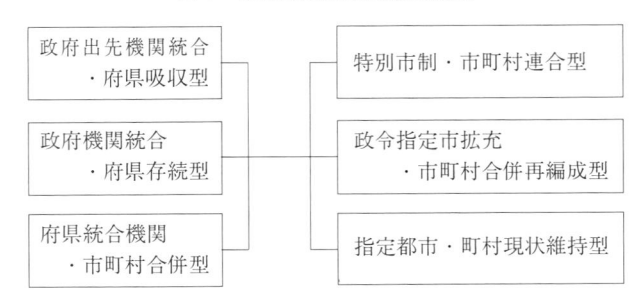

図4　道州制と地方制度の類型

政府出先機関統合・府県吸収型	→	特別市制・市町村連合型
政府機関統合・府県存続型	→	政令指定市拡充・市町村合併再編成型
府県統合機関・市町村合併型	→	指定都市・町村現状維持型

るケースである。

　その場合、市町村との事務事業・財源の再配分が行われることになる。行政環境としては、期待できるが、道府県事務・財源の何割が、委譲されるかは、未知数である。都道府県機能が、そっくりそのまま、道州政府に引き継がれ、都道府県が消滅するだけで、市町村制度は、指定都市制度もふくめて、なんら変わらない。

　第2のタイプは、「政府地方出先機関統合型」で、道州制は、創設されたとしても、政府出先機関の統合の道州制である。政府の出先機関を統合するので、それなり広域行政の効率性がもたらされるが、府県制度は、そのままで、かつての大正期の郡制と同様であり、道州制のメリットは、ほとんどない。

　第3のタイプは、「府県出先機関化・市町村存続型」である。政府出先機関は、道州制に統合され、都道府県は制度として、道州制の出先機関となる方式である。現在の道府県制における、道府県の出先機関と性格・機能は、酷似した地方システムとなる。おそらく指定都市も、そのままであろう。

　実際、道州制という、広域地方団体が、中核組織だけで、その事務処理ができるはずがない。市町村としては、道州制出先機関、道州本庁、さらに中央省庁という、実質的には3階層制の監督・指導をうけることになり、道州制の効果は、皆無に等しく、むしろマイナスの行財政効果が発生する。

　道州制のタイプによって、指定都市の対応も異なるが、指定都市は、いずれの場合でも、特別市制を目指すことになるが、都道府県機能を道州・都道府県・指定都市・市町村などで、どう配分するかである。

　さまざまの道州制が、考えられるが、いずれにしても、誕生する道州制が、地域支配型の官治的性格が濃いと、都道府県機能を全部吸収し、市町村への支配統制網は却って強化されるであろう。

　ただ府県が、完全消滅するか、道州の出先機関として存続するかである。考えられる対応としては、大都市は特別市制として独立し、一般市町村は、合併をするにしても、道州制の行財政的補完は必要であり、道州の出先機関が、処理することになるであろう。

傍観していれば、指定都市サイドが、期待するような展開はないであろう。多少の事務事業・許認可権は委譲され、広域性・統制性のない事務事業は、移管され、それにみあった分だけ、地方税・交付税で配慮されるが、現状と大きく異なることはない。

ただ、指定都市サイドとしては、道州制誕生は、特別市制の設置をめざす好機である。かつてのように、特別市制が設置されると、残存府県が、行財政上、深刻な支障が発生するようなことはないので、行財政環境は、好転しているが、実現するとは、限らない。

第2の動きとして、「**都道府県制度**」が、どう変革されるかである。府県制度は、外部からの道州制、内部からの市町村合併で、その存在が、大きく脅かされつつある。

しかし、府県は、指定都市などと異なって、したたかである。都道府県は、府県制度変革という、危機をバネに、府県制の再編成をなしとげ、都制の実現などで、一気に失地回復をなすことも、予想される。道府県と指定都市の関係も、さまざまの制度的対応（図6参照）が、考えられる。

第1のタイプは、「**府県機能拡大・政府機能吸収型**」である。図5のように政府の地方出先機関の事務事業を吸収し、都道府県の実質的事業・権限の拡大を図っていくであろう。

現在、河川事業などでは、同一都道府県内を、流域とする河川については、都道府県管理とするよう、国・府県で個別交渉が、行われている。

政府の地方分権委員会は、国の出先機関のうち、8府省15系統（職員9万5,000人）の廃止・自治体への移管を検討中である。しかし、中央省庁の抵抗にあって、実現していないが、国土交通省の地方整備局だけでも、職員2万1,000人、予算規模約9兆になる。

移管にともなう財源問題、中央省庁の利権死守など、実現への困難は大きいが、府県としては、かつて高度成長期、財源問題から政府への移管を、余儀なくされた、河川事業などを、中心とする事務事業の移管によって、失地回復をめざす意欲はある。

図5　地方農政局・地方整備局の統廃合のイメージ

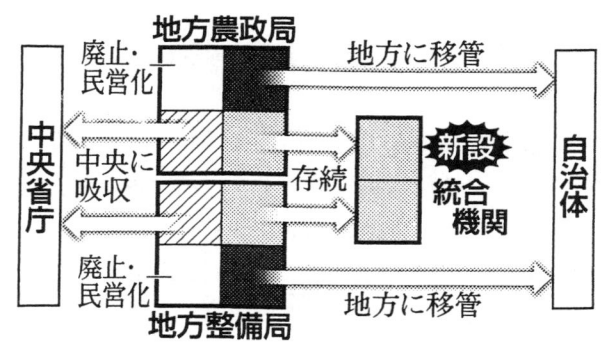

出典　平成20年11月7日・朝日新聞

　地方事務事業を、政府機関が処理することは、現地総合性からみて、さまざまの問題が発生しており、行政改革として、もっとも効果が見込める。また地方団体サイドとしても、地方分権における、正攻法の目標でもある。

　政府府県出先機関の都道府県移管によって、都道府県制は拡充され、府県制度は、再編成され、存在価値を見出していくであろう。

　しかし、都道府県は、広域行政に活路を見出し、都道府県内の地域事業・許認可行政に、見切りをつけていくが、反対に広域行政をベースにして、更なる府県制度の強化をめざすか、その方向はわからない。

　第2のタイプは、「**府県機能充実・都制導入型**」である。府県は、機能充

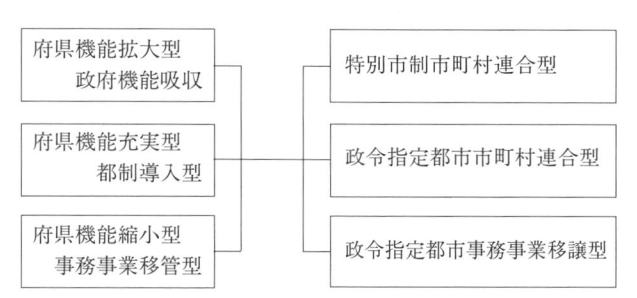

図6　府県制度の変貌

府県機能拡大型 政府機能吸収	特別市制市町村連合型
府県機能充実型 都制導入型	政令指定都市市町村連合型
府県機能縮小型 事務事業移管型	政令指定都市事務事業移譲型

実を、図っていくため、広域的補完的調整的専門的機能の強化に、活路をみいだすことになる。環境・医療・文化・生活行政の分野である。地方財政システムが、このままであれば、潤沢な財源を背景に、府県制度の再生は、不可能でない。

指定都市が、成長するにつれて、道府県としては、その延命対応として、都制度を導入して、指定都市の実質的消滅が、画策される。すでに大阪府・大阪市の対立の解消策して、大阪都構想が、打ち出されている。

東京都の先例があるが、都市制度としては、中途半端であり、適切な制度ではない。しかも都制は、個別自治体が、独立して自治体として、成立したといより、市町村統括団体である、東京都が中核市を吸収して、支配体制を確立したといえる。

しかし、都制は自治体としては、変則的自治体であるばかりでなく、奇形的団体である。それは自治体として、都市行政を処理しながら、監督官庁として、市町村に君臨するという、二重性格を持っている。

第3のタイプは、「府県機能縮小・事務事業移管型」である。都道府県制は、このままでは、市町村合併がすすむと、その広域的調整機能などの実質的価値が、衰退していくことになる。

近年、地方制度の動向は、都道府県制度の空洞化・形骸化である。町村合併・政令指定都市・事務権限委譲で、道府県行政の実質的分野は縮小傾向にある。したがって府県機能は縮小しつつある。

しかし、府県合併・府県解体につながる、保障はない。府県は現行地方制度のもとでも、恵まれた地位を維持しながら、その権限・支配力への執着心・粘着力からみて、長期にわたって存続する、可能性は大きい。

現在、1府県内の町村数は、合併の進行度合いによってっ大きく異なるが、大分県をみると、14市3町1村である。

さらに事務事業・許認可権の市町村への移管がすすむと、かつての郡制のように、制度が存続しているので、都道府県政がある"制度のための府県制"という事態となる。このような都道府県制の閉塞状況を打開するため、府県

合併・道州制の導入となるであろう。

　それは府県機能の劣化退化がみられることである。

　第1に、都道府県の「**広域機能**」は、内部的には市町村合併で、実質的にその必要性は低下しつつある。しかも外部的には、経済社会活動の広域化で、現行府県の行政区域では、実効性のある、施策の対応が展開できない状況が多く発生している。

　第2に、府県の「**専門機能**」は、研究機関などで、市町村よりすぐれているが、都市計画、市街地整備などの分野は、都市行政であり、都市自治体が、優れている。保健所の移管などで、衛生行政などについても、同様の状況が生じ、府県行政の空洞化がすすんでいる。

　第3に、都道府県の「**補完機能**」も、市町村合併がすすむと、低下を余儀なくされている。河川行政をみても、本来、同一、市町村で発生し、海にそそがれる河川は、当該市町村の管理であり、それ以外は、府県管理となるだけである。

　財源・行政的な都道府県の補完機能は、財源的には交付税制度の発達、行政的には市町村の能力向上で、都道府県機能は、相対的に低下していくことになる。

　第4に、都道府県の「**調整機能**」は、実際は中央省庁との斡旋機能、市町村間の利害調整である。このような調整機能は、地方行政の近代化とともに、その比重が低下し、必要が減退していくであろう。

　指定都市が多くなると、指定都市は都道府県の広域・専門・補完機能を、中核都市として分担し、本来、道府県機能の代行的性格をもつもので、制度的にも、府県の地位の低下は否定できないのである。

　第3の動きが、「**町村制度**」である。町村制度は、戦後、町村合併で大きく変貌した。交付税措置による、半強制的合併は、批判が多いが、基本的には、将来も合併せざるをえないであろう。

　第1に、「**町村合併**」については、町村相互の合併数が、多いことはもちろんであるが、都市自治体の周辺町村の吸収合併も、それに匹敵する合併町

村数である。戦前の東京・大阪市の大合併は、数十町村を一気に吸収合併する、大規模合併が実施された。

　政府としても、町村合併を促進するには、都市による吸収合併は、効果的方式として、奨励していった。しかし、都道府県としては、大都市が町村合併で、市域を拡大することは、必ずしも歓迎しなかった。

　この道府県・大都市の対立は、戦後の町村合併で、露呈することになる。昭和27年の大阪市の7町村合併に対して、大阪府は合併を却下した。また名古屋市の昭和30年の11町村合併についても、2町村しか認めなかった。

　しかし、昭和27年の町村合併促進法の、内閣総理大臣の再審査制度という、救済制度によって、最終的には大阪市7町村、名古屋市は8町村の合併をみている。府県の合併否決は、広域行政への阻害という、漠然たる理由であった。

　最近の指定都市も、人口要件を充足するため、周辺町村の合併を実施しており、政府としても、町村合併の実績をあげるうえで、歓迎すべき動きであった。

　大都市の対応は、明治以来、町村合併については、吸収合併を繰り返し、市域拡張を成し遂げた。この点について、政府方針と食い違うことはなく、巨大都市化も黙認されてきた。

　第2に、「地域自治の制度化」である。町村合併で問題なのは、合併町村における、旧町村とか、地域自治の問題である。明治の大合併でも、旧町村に財産区など、多くの譲歩を余儀なくされている。

　旧町村単位で、住民税均等割を財源として地域サービスを分担するシステムを設定していくべきである。合併にかぎらず、現行地方自治制度の弱点である。

　直接請求だけが住民参加のシステムではない。住民自治の原点として、地域民主主義を培うには、強力な地域組織が不可欠なのである。

　第3に、「広域町村の創設」である。旧町村単位の行政が、制度化されれば、郡単位の町村合併を実施していき、現在の市町村を、数百団体以下に再

編成し、基礎自治体として強化していき、道州制・府県制の如何にかかわらず、大幅な事務・権限・財源の移譲をする、条件整備が整うことになる。

3　指定都市充実の処方箋をどう描くか

　政令指定都市制度は、近年たしかに、参加都市が多くなり、成熟期をむかえた感がある。しかし、地方制度としては、未成熟であり、現に地方六団体の扱いをうけていない。
　指定都市制度は、地方自治権拡充の実績を築き、地方自治拡充の尖兵としての役割を果たしていかなければならない。財政的拡充については、後でふれるとして、行政的充実の処方箋を検討してみる。
　第1に、「**指定都市という制度は存在しない**」のである。地方制度上の個別例外措置の包括的措置に過ぎない。指定都市制度という、変則的事務・許認可移譲に過ぎない。
　すなわち政令指定都市という制度は、厳密には存在しない。特例事務委譲の集合体であり、新規法令・財源措置の設置について、その都度、特例措置を求めて、陳情・運動をしなければならない。
　曖昧かつ不完全な措置で、しかも財源・権限なき事務委譲である。したがって制度新設・法令改正について、常に注意し、例外規定を盛り込むよう、不断の努力が必要である。
　昭和31年、指定都市制度は、いわゆる16項目の事務事業の移譲であったが、その後新法が成立するたびに、指定都市は、政府に働きかけ、都道府県・知事を、指定都市・市長の読み替え規定を、法律に挿入していった。
　昭和46年、指定都市は、大気汚染防止法にもとづく、公害工場立入権の移譲を、政府に陳情し、道府県の権限を指定都市に移管させた。
　市民にとって、道府県に権限があっても、市役所に相談をもちかけ、市の行政責任を追求する。結局、市は道府県に要請し、府県が立入りするか、市

は事実上、権限なき行政として、道府県事務を代行するかである。

　大気汚染は、広域性・専門性を理由として、道府県段階の権限とされていた。しかし、保健所行政を有する指定都市の専門能力が低いはずがなく、また大気汚染は実際はそれほど広域性はない。

　もし広域性を強調するならば、都道府県をこえた、越境汚染に対する対応措置を、法案は事前に盛り込む配慮が必要である。

　要する16項目は、窓口・給付サービスが多く、肝心の許認可権・強制執行権は、大半が都道府県段階に留保されている。指定都市といっても、市民生活に密着した権限すらもちあわせていない。

　法律の不備、行政監督の煩雑さ、二重行政の無駄などからくる、無用の混乱と軋轢・紛糾が都市自治体の行政エネルギーと財源を消耗させている。

　事務事業の配分原則は、現地総合性と補完の原則である。指定都市の権限は、建設行政を中心に拡充されていった。今日、当然のように行使している、権限・事務事業の多くは、指定都市の戦前以来、不断の行政努力の賜物であることを、忘れてはならないであろう。

　しかも政府・府県の動きには、常に神経を張りつめておく必要がある。平成6年の地方制度調査会は、事務移譲について「当面、都道府県により重点を置いて進めることが現実的かつ効果的」と答申している。

　おそらく中央省庁の権限移譲を想定したのであるが、政府権限の多くは、指定都市・中核市などには、移譲は可能であり、現地総合性に立脚した、補完・補充の原則で、移譲はすすめられなければならない。

　市民生活の保護・充実、都市基盤の整備のため、都市自治体として、より多くの財源・権限を求めるのは、大都市エゴでなく、「権利のための闘争」であり、「生活擁護の責務」の遂行の不可欠な手段なのである。

　第2に、**「指定都市の政治力・行政力は弱い」**といえる。昭和20年代の特別市制の運動をみても、5大府県の政治力・行政力のまえに、政治・行政力も弱さを露呈し、完全に圧倒されている。

　政令指定都市は、来年4月、岡山市が政令指定都市に移行する見込みであ

り、18市にふえる。制度発足当時の5大都市と比較して、大都市としての規模・実態が低下したともいわれている。

　しかし、仙台・札幌・福岡市は、広域都市圏の中核都市であり、人口規模・都市機能において遜色がない。都市としての素質・風格において、旧5大都市をしのいでいる。

　近年、大都市として、さらに大きな権限・財源をめざして、スーパー大都市制度が提唱されているが、その必然性は乏しい。それは都市行政における、権限・事務・財源（財政需要）において、他の大都市と異質の要素がなければならない。

　たしかに10万都市と100万都市では、建築基準行政・衛生行政において、行政能力格差があり、行政能力において、10万都市では処理できない。しかし、100万都市と300万都市には、そのような差は存在しない。

　人口・財政規模からいえば、横浜市は小規模府県の数倍はあるが、市町村に対する広域・専門・補完・支援機能は欠落している。府県なみの異質の制度を求めるのは、無理がある。

　大阪市は、昼間人口が多いことは、都市として異質であるが、制度的に別個のものを創設する必要性は弱い。財源的には法人税が市税に組込まれており、別個の制度の創設より財源再配分の問題である。

　スーパー大都市のアキレス腱は、府県への吸収としての都制へと、運動が予想外の展開をみせかねない点であり、危険な賭けであることを、予知しておくべきである。すでに大阪都制などが、府市の二重行政を口実に提唱されているが、都制は自治体とは、似て非なるものである。

　政令指定都市は、構成が多彩となり、問題点も異質なものを抱えるようになったが、都市問題が全国的な関心事となり、その政治力がふえたことはたしかである。きたるべき地方制度の再編成において、指定都市は結束して、指定都市への有利な世論を形成し指定都市拡充をめざすべきである。

　第3に、「**都制か特別市制かの転機にある**」といえる。ことに同一府県内に指定都市が複数存在することは、道府県行政の実質的価値の低下をもたらし、

府県制度そのものを、変革しなければならない状況にある。

戦後の特別市制のアキレス腱は、府県行政区域の中央部に特別市という、空白地域が生じることであった。常識的にみても、残余の府県区域での行政は、きわめていびつな行政となってしまうからである。

しかし、今日ではこのような地域的阻害条件は、指定都市の立地条件からみて、最早、阻害要素ではなくなりつつある。

たとえば図7のように、神奈川県では、横浜市・川崎市が、特別市制として独立しても、神奈川県は県西部を地域として存続し、なんら支障はない。府県規模としては、大規模団体として．行政的・財政的な面からみて、実質的に広域行政・調整行政を、展開する資格・条件はある。

兵庫県でも西宮市・尼崎市・芦屋市・伊丹市・宝塚市・川西市・猪名川町が、合併して、阪神広域市を創設すれば、人口167万人の大都市が成立する。

これらの大都市を特別府県として、追加すればよいのである。府県の数が、多くなるとの、反対もあるであろうが、もともと明治の廃藩置県の府県は、最低人口80万人、現在では200万人程度を想定して、設置されたが、鳥取県・奈良県・福井県・徳島県などが、分離独立していった。

当初の府県に戻し、そのかわり特別府県として、指定都市を府県・市の総合地方団体として、認知すべきである。要するに平成の廃藩置県である。

道州制が、都道府県の抵抗で挫折し、そのまま現行都道府県制が、合併もなく存続し、特別府県も誕生しないようでは、地方分権だけでなく、行財政

図7　特別市制の地理的条件改善

運営の実質的効果もあがらないであろう。

　第4に、「**指定都市のアキレス腱は狭域行政**」である。指定都市は、区政を採用しているが、行政区である。市民税の均等割を区に付与し、地域行政の強化策を実施すべきである。

　指定都市分割案は、府県サイドのみでなく、一般市民・学識者のなかにも、大きな共感を呼んでいる。府県サイドとしては、大都市分割によって、府県支配の失地回復を狙うことは、当然の施策選択である。

　要する指定都市サイドの府県分割と、府県サイドの大都市分割が、対立するであろう。したがって指定都市は、区政の充実をつうじて、府県の大都市分割案を、事前に封殺しておく必要がある。

　この点は、合併町村にも適用される原則であり、旧合併町村に準狭域行政の機関を設置しなければならない。

Ⅲ　大都市税財政制度改革の論点

1 政府・大都市の施策対立を克服する

　指定都市は、地方財政改革において、単に財源配分をめざすのでなく、地方財政制度・運営システムの地方分権化、すなわち原理・原則にもとづく改革を追求すべきである。

　三位一体改革でも、机上演習どうりにはいっていない。政府・自治体の行政力学の落差のため、自治体の思惑と、現実の改革結果のギャップが、きわめて大きい。

　三位一体改革の財政収支（表5参照）は、単純に計算すると、地方財政全体では、地方税増収額と交付税・補助金の差引収支は一致している。しかし、問題は、個別自治体の収支である。

表5　三位一体改革と地方財政収支　　（単位　兆円）

区　分	平成16　A	平成17　B	平成18　C	合計C−A
地　方　税	33.5	34.8	36.5	3.0
地方交付税	17.0	16.9	16.0	△1.0
国庫支出金	12.5	11.9	10.5	△2.0
合　　　計	63.0	63.6	63.0	0.0

　正確な改革収支は、地方税の自然増、交付税の増額措置もあり、正味の財源収支は、普通会計数値の単純計算では、算出できない。

　神戸市の収支（表6参照）は、税源移譲の恩恵は少なく、国庫補助金・交付税の減収の影響を、もろに受けている。

　国庫補助金の減額は、確実に行われており、交付税の補填措置は、不十分である。結果として、地方税での増収が課税能力のない団体ではマイナスの結果となっている。

表6　神戸市財政と三位一体改革の収支　　（単位　億円）

区　　分	平成16	平成18	平成19	合　計
国庫補助金改革	△29	△43	△72	△144
税源移譲（所得譲与税）	25	28	31	84
地方交付税改革	△180	12	△10	△178
うち地方交付税・臨時債	△180	△50	△49	△279
うち地方税・その他		62	39	101
合　　　計	△184	△3	△51	△238

　指定都市として、地方税財源改革は、慎重に対応すべきである。それは大都市サイドの要求は、従来、政府施策とは、むしろ逆行する方向であるからである。

　第1の克服課題は、「**財源調整・町村救済との対立**」である。限られた財源を、市町村財源という枠組みで配分するとなると、指定都市と町村の利害は対立する。この対立をどうこえるかである。

　第1に、「**基礎的財政需要重視への転換**」である。政府の地方財政政策は、基本的には財源調整をベースとする、貧困団体の救済にある。

　財政需要に対応した地方財政システムの構築という前提条件は、軽視され、地域振興に傾斜した、減収補填とか施策補助などを、費用効果を度外視して注入している。

　大都市・町村をとわず、基礎的財政需要の充足という、財源調整の原点に回帰し、地方財政システムを再編成することである。その結果として、財源調整では、大都市・町村にとって、ともに歓迎すべき、財源調整システムが形成されるであろう。

　第2に、「**財源調整と地域振興の分離**」である。政府の推進する財源調整は、純粋の財源調整ではなく、地域振興などの不純な財源が混入されている。

　その典型的事例が、交付税の補助金化である。近年の地方財政施策でも、町村財政は、段階補正の切り下げで、交付税の削減がみられたが、一方で平成20年度でも、地方交付税での、地方再生対策費（**都道府県1,500億円**、市

Ⅲ　大都市税財政制度改革の論点

町村2,500億円）は、測定単位が人口・耕地・森林面積からみて、町村財政支援措置である。

補助金・交付税で、効果のない不必要な巨額の地域振興費などを、町村財政に注入し、過剰な町村財政への財源調整となっている。

第2の克服課題は、「地域振興施策の見直し」である。高度成長期、大都市は、過密・過大都市論に悩まされた。しかし、政府の地方分散・地域おこしは、はたして成功したといえるであろうか。

第1に、「公共投資型地域振興の転換」である。政府の地域開発は、地方財政施策にもとづく、公共投資先導型であった。高度成長期、莫大な公共投資奨励措置が投入された。しかし、政府の地方分散政策は成功しなかった。

それにもかかわらず、バブル経済後、公共投資費を交付税で、補填する方式を導入して、景気浮上策をすすめたが、政策的に完全に失敗し、地方債の累積のみが、ふくらんでいった。大都市の地域開発も、過疎の地域おこしも、地域振興の多くは失敗した。

国全体としての企業分散施策が、誤っていれば、いくら地方自治体が、"頑張る地方応援プログラム"で、財源措置をしてもらっても、効果は限定的であろう。本来、都市開発・地域振興は、当該都市・町村が、主導性をもって、推進すべきものである。

政府の思惑だけで、財源誘導方式で、施策が展開されがちであるが、費用効果にもとづく、施策でなければならない。都市では、都市政策との連動性のもとに、政府支援が投入されるべきである。

過疎対策も、同様である。村おこしで、一体、どのような効果があったのか、検証すべきである。少ない地方財源でも、有効に選別投資すれば、財源不足は発生しなのではなかろうか。大分県の一村一品運動、徳島県上勝方式も、公共投資型ではない。

第2に、「企業誘致施策の再編成」である。政府は、公共投資でなく、人口減少地域への企業誘致奨励金を、思い切って投入する、企業誘致施策に、地方財政施策を集約する政策へ転換すべきである。

国土計画において、企業動向を政策的に誘導していく、効果的な地方分散政策が採用されなかった。戦後、無数の地方分散政策が、立案・実施されたが、一体、どれだけの効果があったのか疑問である。

　大都市にとっては、大都市圏の工場・学校等制限法で、既成市街地の再生を阻まれ、インナーシティ問題が深刻化した苦い経験があり、今日でもその後遺症に悩まされている。

　工場・学校を制限しなければならなかったのは、大都市周辺の都市開発地域であったが、むしろ企業誘致を奨励して、地方分散の成長エネルギーを吸収してしまい、地方分散施策の失敗の要因となった。

　近年、工場誘致施策として、地方団体が100億円規模の奨励金を支出しているが、財政力のある地域が、ますます有利となり、過疎地域はますます寂れていくメカニズムが稼動している。

　政府が、首都圏への企業に対して、イギリスのように、人口減少比率に対応して、地域への工場建設奨励金を支給するとか、グレターロンドン圏に、雇用税を賦課し、地方へ雇用促進財源とするような、地域振興施策の展開をしなければならない。

　政府の、補助金・交付税で公共投資を奨励すれば地域振興は成功するという、安易な考えでは、いくら地方財源があっても足りないであろう。

　交付税・補助金は、地方団体の基礎的財政需要を，補填するという、原点に回帰して、地方団体は、自己財源で地域振興施策を展開する、自治体運営システムへの再生が不可欠である。

　第3の克服課題は、「道府県との財源再配分」である。指定都市としての、事務事業の移管にともなう、税源財源の欠落だけでなく、都市開発における費用負担・利益還元の問題もふくめて、再編成をせまらざるを得ないのである。

　現行の地方財政制度では、指定都市所在の道府県とその他の県との税財源システムは、まったく同様であるが、地域振興などの道府県・市町村の役割・費用負担は、かなり異なっている。

Ⅲ　大都市税財政制度改革の論点

　第1に、「**制度改革と税源配分**」である。制度改正と税源配分で、参考になるのは、自治体警察の移管にともなる、地方税再編成である。府県民税・不動産取得税などの創設で、府県財政は、交付税措置をふくめると、手厚い財源補塡を受けている。
　一方、指定都市は、16項目の事務事業の移譲にもかかわらず財源移譲はなんら受けていない。指定都市が、財源確保をめざして、地方財政改革を、すすめるにしても、単純な地方自治権の活用、地方財政原則の援用だけでは、目標の達成は、おぼつかないであろう。
　このような制度改革にともなう、税源付与を見ると、地方税における応益性、財政需要への充当といったような、原理・原則はあまり配慮されず、財源手当てが、政治・行政力学の銭勘定で、辻褄が合せられ決められている。
　政府の伝統的施策は、府県を地方財政の一種の安定装置として、重視してきたので、どうしても府県財政優遇となる。政府直轄事業の負担（河川）整備事業とか、大型プロジェクトの地元負担（整備新幹線）などで、府県財政へ費用転嫁をしている。そのため政府の道府県への、財源対策は甘くなっている。
　第2に、「**広域サービスと財源措置**」である。指定都市は、実質的に府県の広域的・専門的機能（表7参照）を、かなり負担しており、これら費用は、地方交付税などでは、府県の基準財政需要額となって、算入されている。
　また建設・投資の分野では、高速道路・空港・都心再開発事業など、指定都市が実施している。費用負担の原則からみて、自動車税・不動産取得税の市内分は、市税化を求めるべきである。

表7　大都市の広域施設

区　　分	財　源　措　置	区　　分	財　源　措　置
国道道府県道	道路譲与税など	市 民 病 院	特 別 交 付 税
市 立 大 学	特 別 交 付 税	総合運動公園	な　　　し
海面埋立事業	な　　　し	地 　下 　鉄	特 別 交 付 税
空　　　港	特 別 交 付 税	産業展示場	な　　　し

このような交通・病院・大学など、特別会計・公営企業会計の赤字は、地域の広域機能のための赤字である。現に交通・病院・大学などは、当該指定都市の住民のみが、利用しているのではない。

　府県サイドの反対論は、地域格差是正のため、府県内に分散的に施設・サービスを展開する必要性を強調しているが、それは全都道府県が対応しており、中心都市における府県施設・サービスを、免責するものでない。指定都市に対する、特別交付税の基準財政需要額の比率は低く、大都市サービスの特殊需要は、反映されていない。

　これらの費用は、本来、市民税法人分で充当されるべきであるが、市内法人収益は、国税・府県税が、大半を吸い上げており、市税への還元率は、きわめて少ない。しかも交付税・補助金でも、補填されていない。

　これらの広域施設責任の費用については、当然、道府県財政からの補助金・負担金があって然るべきであるが、皆無に近い状況にある。

　第3に、「**地域開発利益の再配分**」である。地方都市圏ではともかく、大都市では、地域開発において、大都市の公共デベロッパー・公共投資による役割は、府県よりはるかに大きい。

　しかし、企業誘致の成果としての法人収益税は、国税70％。府県21％、市町村9％で、大都市の取り分は、府県の半分以下である。

　国税分は、交付税・補助金として、還元されるが、道府県との配分は、正味の配分である。費用負担の原則からみて、大都市は税制改正で、事業税の一部の移譲か交付金による還元を求める、合理的根拠があるであろう。

　指定都市にとって、地域開発で多くの財源負担と事業リスクを冒して、企業誘致に成功しても、財源メリットは、道府県の方が大きい。国・地方、都市・町村の配分でいくら、頑張っても、甘い汁は、全部道府県にもっていかれる、利益還元・費用負担の不合理に、泣かされているのである。

　第4に、「**行政サービスと財源措置の一致**」である。地方財政の費用負担・利益還元を、複雑にし、曖昧にしているのは、財源調整・町村救済から、政府が過剰な財政支援システムを実施し、府県が介在して、財源調整・負担を

していることである。

　このように行政サービスと費用負担の不一致の、典型的事例が、「**都道府県の小学校教員給与負担**」である。どうして変則的負担システムとなったのか、またどう是正すべきかについては、歴史的経過もふまえて、つぎのように改革すべきである。

　第1に、「**負担方式変更の財源措置**」である。小学校教員費の府県負担が、導入されたのは、昭和15年の地方財政改革である。大正7年の義務教負担金で、小学校教員給与については、昭和期には、小規模町村で6・7割、大都市で1割という、傾斜負担方式が導入されていた。

　しかし、それでも町村は負担しきれず、府県負担方式・地方分与税の制度改革となった。しかし、府県には国庫負担金2分の1と、国税移譲としての還付税と、財源調整として配付税が付与された。府県の補助裏負担が約1億円であったが、還付税7,039万円、配付税1億7,751万円の交付があった。市町村は、還付税はなく、配付税は市1,264万円、市町村8,316万円で府県財政の財源補填措置はなされている。

　「**市町村警察移管と税源移譲**」制度改革と税源配分で参考になるのは、昭和29年度の市町村警察の府県移管にともなう税源移譲である。道府県警察費は、28年度8.0億円から、29年度257.2億円と、249.2億円の増加であるが、成長性のある道府県民税187.7億円、不動産取得税21.0億円など合計208億円で、財源補填措置はなされている。

　第2に、「**財源調整の手段として負担方式**」は、是正されるべきである。費用負担の方式として、小学校教員給与は、市町村が負担すべきである。小規模町村でも、小学校教員費が、負担できるように、負担金・交付税システムを、完備すべきである。

　町村が財源を負担できないから、府県へ財源の手当てをして、負担させるとう、発想は、財源調整を口実とした、中央統制の産物である。

　このような措置は、本末転倒の考えであり、世界に冠たる地方交付税制度が、君臨する地方財政システムとしては、その名誉にかけて、財源保障シス

テムを、構築して本来の姿に戻すべきである。

　近年、指定都市のみに、小学校教員人件費の負担の動きがあるが、小手先の姑息な対応である。市町村全体が、負担できる財源移譲を、都道府県税から、実現しなければ、地方自治とか、教育地方分権とかを、名目にした、費用転嫁策となる。

　府県・市町村をめぐる、争いは、実は、国・地方の全体の配分問題より、骨肉の争いの様相を、帯びることになる。

　しかし、政府は、従来から府県を国費負担団体として、便宜的に利用してきたこともあり、府県財政に対して、優遇措置を講じてきたといえる。このことは、都市サイドの偏見でも、僻目でもなく、歴史的にも財政分析でも、推論できることである。

　第3に、「制度変更と税源移譲」について、もし小学校教員費が指定都市負担となれば、どう財源配分をするかである。指定都市の「指定都市の事務配分の特例に対応した大都市特例税制についての提言」（平成17年11月）では、当時の14指定都市で、5,795億円、特例事務2,429億円の合計8,224億円である。

　指定都市所在道府県の指定都市内の個人・法人道府県民税、地方消費税の合計が、8,363億円で、数値的には一致する。

　しかし、負担率が3分の1となり、指定都市数が増加したので、1兆円になるのではないか、不動産取得税・自動車税を追加しなければならないである。当然、道府県と指定都市との税源移譲となり、交付税とか補助金で処理するべきでない。

2　虚構の大都市財政富裕論を淘汰する

　大都市財政改革の第4の克服課題は、依然として「富裕団体論の払拭」である。今日では、大都市財政富裕論は、'死に体'といえるが、一般的には

Ⅲ　大都市税財政制度改革の論点

大都市財政拡充の精神的阻害要素として、改革の障害といえる。

地方財政の関係者・研究者でも、大都市富裕団体論の先入観を、抱いている。東京都財政も指定都市財政も、区別しないまま、大都市は、人口・企業集積があり、私経済が、旺盛であるから、公経済も豊かであると、錯覚している。

都市経済メカニズムは、人口・企業集積の利益、都市成長・開発のメリットは、民間経済・政府財政が、享受しており、都市財政は、そのおこぼれにあずかっているだけで、貧困の悪循環に喘いでいる。

このような都市経済メカニズムを、転換させることは、不可能にちかい変革となる。指定都市としては、当面は財政構造分析にもとづいて、大都市財政の貧困ぶりを訴えて、制度・運営の枠組みのなかでの、財源移譲をめざすしか、有効な手立てはない。

第１に、「指定都市の財政指標」（表８参照）は、中核市・特例市と比較して、むしろ財政状況のみでなく、財政力も弱い。

経常収支比率では、市町村平均より悪く、93.3％である。指定都市が、特に放漫な財政運営を、実施しているのではない。

平成９年度では、大都市の経常収支比率は、88.2％であったが、悪化している。もっとも平成９年度中核市82.2％、都市85.1％、町村78.6％で，指標は悪化している。公債比率も大都市は悪く、財政力も特例市より低い。

表８　市町村財政状況　　　　　　　　　　（単位　％）

区　　分	大都市	中核市	特例市	都　市	町　村	市町村計
経常収支比率	93.3	87.4	89.1	90.5	88.5	90.3
公債費比率	20.0	17.1	15.5	17.1	19.1	17.5
財政力指数	0.84	0.80	90.5	0.65	0.43	0.53

第２に、「指定都市の収入構造指標」（表９参照）において、指定都市の財政基盤が、とても強固とはいえない。指定都市は、地方税構成比において、中核市・特例市より低く、一般財源比率も低く、国庫補助金・地方債などの、

表9　市町村一般財源の状況（構成比）　　（単位　％）

区　分	大都市	中核市	特例市	都　市	町　村
地　方　税	42.6	43.9	47.0	36.0	24.7
地方譲与税	2.1	3.0	3.1	3.1	3.1
地方交付税	5.8	11.2	7.8	19.1	32.4
交　付　金	1.6	1.8	2.0	1.4	1.1
地方消費税交付金	2.5	2.9	3.1	2.6	2.0
自動車取得税交付金	0.6	0.6	0.7	0.7	0.7
軽油引取交付金	1.1	—	—	—	—
一般財源計	56.4	63.3	63.5	63.0	63.9
その他財源	43.6	36.7	36.5	37.0	36.1
合　　計	100.0	100.0	100.0	100.0	100.0

出典　『地方財政白書』（平成20年版）資料36頁。

依存財源の比率が高い。

　第3に、「1人当りの財政指標」（表10参照）は、平成17年の人口は、大都市2,200.7万人、中核市1,692.8万人、特例市1,088.0万人、都市5,195.9万人で、都市人口合計は、1億1,026.4万人、町村1,750.4万人で、全体で1億2,776.8万人である。1人当り地方税は、大都市19万929円、中核市15万11円、特例市14万8,090円である。

　地方交付税は、大都市は特例市と、同一水準であり、中核市よりすくない。都市・町村は、財政力指数が、低いため、交付税は都市で指定都市の3倍、町村で4倍以上となる。

　一般財源は、大都市25万2,997円、中核市21万6,457円、特例市20万185円である。指定都市が、一般財源で、中核市より、20％、特例市より25％高いのは、市民税法人分であり、さらに税法人分の超過課税も、影響している。

　しかし、歳入合計の1人当りは、指定都市と町村では、約30％の差しかない。特例市では、町村より約10％低い水準である。指定都市は、地方税・譲与税収入こそ高い、水準にあるが、交付税では低く、地方債が高いという、構造的特徴を有している。

表10　市町村歳入構造・1人当り（平成18）　　（単位　百万円）

区　分	地方税・譲与税	交付金	交付税	国県支出金	地方債	合計（その他）
大都市	44,988	5,954	5,381	15,017	9,932	100,625
1人当り	204,425	25,987	25,987	68,237	45,131	457,241
中核市	26,807	2,996	6,392	8,607	4,867	57,202
1人当り	158,358	15,034	38,225	50,844	24,796	337,913
特例市	17,385	1,967	2,692	5,171	2,862	34,720
1人当り	159,798	18,079	24,743	47,527	26,213	319,118
都市	79,138	9,688	38,701	29,677	18,076	202,439
1人当り	152,309	18,645	74,483	57,116	34,789	389,613
町村	17,239	2,304	20,114	9,637	5,845	62,065
1人当り	98,486	13,163	114,911	63,265	33,392	354,576
合計	172,453	22,910	73,730	65,537	41,581	457,050
1人当り	134,978	17,931	57,706	51,294	32,544	357,719

資料　『地方財政白書』（平成20年版）資料24、40頁。

　指定都市のみでなく、中核市・特例市もふくめて、小規模団体である、都市・町村に比較して、財政状況はよくない。たしか指定都市は、町村との比較では、1人当り歳入額は、大きいが、財政需要・行政水準からみて、高い水準とはいえない。全体の構造的傾向は、中核市・特例市より、都市・町村の財政指標が、よいことから、地方財政における、小規模団体優遇の特徴がみられる。要するに都市的地方税の欠乏、財政需要額の不算入などで、都市的財政は、貧困を余儀なくされている。

　第4に、「指定都市の貧困指標」をみると、実際、貧困団体といわれる、町村財政と比較してみると、一般財源（**表11参照**）では、財政力指数0.1の町村でも、大都市より高い水準にある。

　市町村財政における、財源調整措置を、個別市町村でみると、財政力指数で、0.10以下の町村は、小規模町村で、鹿児島県三島村（人口390人）財政力指数0.05、十島村（人口651人）財政力指数0.06、沖縄県渡名喜村（人口474

表11　貧困町村の財政状況　　　　（単位 人 円）

区　分	人　口	財政力指数	1人当り町村税	1人当り交付税	合　計
北海道積丹町	2,936	0.11	61,097	584,662	645,759
青森県左井村	2,706	0.11	48,791	501,229	550,020
長崎県小値賀	3,212	0.10	45,042	554,687	599,729
大分県姫島村	2,606	0.11	44,391	452,023	496,414

資料『市町村別決算状況調・平成18年度』

人）で、貧困町村の典型といえるが、市町村財政の比較対象として、例外的団体で、分析できない。したがって財政力指数が、0.1以上で、人口規模が、大きい町村をみると、表11の予算になっている。

またすべての町村が、貧困団体ではなく、財政力指数で1.0をこえる、きわめて高い水準の、町村もある。ただ富裕町村（**表12参照**）の1人当り町村税は、高い水準をしめしているが、交付税を加味した、1人当り合計額は、貧困団体より、むしろ低い水準となっている。

指定都市と町村とを、ストレートに比較するのは、規模の利益、財政需要の相違など、さまざまの要素があるが、町村相互の比較では問題がない。地方財政における、財源調整がかなり徹底していることがわかる。

もっとも地方税・交付税以外の財源があるので、富裕町村は、なんとか遣り繰りしている。このことは、財政力指数のみで、実質的な財政力は、速断できないが、地方交付税の財源調整機能の威力は、依然として大きいといえる。

表12　富裕町村の財政状況　　　　（単位 人 千）

区　分	人　口	財政力指数	町村税	交付税	合　計
青森県六ヶ所村	11,702	1.92	512,213	253	512,466
宮城県女川村	10,734	1.89	480,793	2,430	483,273
愛知県三好町	53,956	1.76	294,766	460	295,226
佐賀県玄海町	6,764	1.60	445,271	1,968	447,239

資料『市町村別決算状況調・平成18年度』

3　大都市財政の需要と財源の落差をうめる

　大都市財政克服の第5の課題は、「**財政需要と財源のギャップ解消**」である。このギャップは、制度・運用システム・措置など、さまざまの分野で見られる。
　第1に、「**事務事業移管と財源補填**」である。事務事業の配分と、財源補填システムが、必ずしも一致していない。典型的事例が、指定都市への事務事業移管と、財源措置である。
　平成20年度予算では、政令指定都市制度で、府県事務事業を指定都市が、負担処理している費用は、3,724億円で、税源措置は1,382億円で、2,342億円の税源不足が生じている。
　不足分は、交付税で補填されているといわれているが、不交付団体は、補填の方法がない。また交付団体でも、昨今の段階補正・態容補正の切り下げをみると、とても算入されているとはいえない。
　第2に、「**高密度社会の建設維持費**」である。建設投資額は、土木費でみると、1人当り8万円であるが、一般市平均は5万円と、6割も高い支出となっている。
　交通混雑を12時間平均交通量でみると、指定都市1万5,507台、全国平均5,337台に過ぎない。
　高付加価値地域・高密度社会の結果、高地価を形成しており、全国平均100に対して、指定都市住宅地価平均317、商業地448、工業地283であり、建設コストの割高の要因となっている。しかし、補助金・交付税措置は、このような割高な建設行政コストを、反映していない。
　第3に、「**低所得者層の累積**」である。貧困企業が集積する反面、貧困層・低所得層も滞留しており、民生費の1人当り支出は、指定都市12万円、一般市9～10万円である。生活保護保護率（人口1,000人当り）をみても、指定

都市 19.16 人、全国平均 11.85 人である。

　平成 18 年度の兵庫県の事例でも、人口 1,000 人の生活保護率は、神戸市 26.7、姫路市 8.8、尼崎市 27.3、明石市 16.2、西宮市 12.1、洲本市 5.6、芦屋市 4.1、伊丹市 9.6、相生市 2.8、豊岡市 4.7、加古川市 5.8、赤穂市 3.8、西脇市 3.3、宝塚市 7.2、三木市 6.0 など、郡部の市は低い。

　大都市周辺市は、富裕団体とみなされている。芦屋・西宮市も高い。それでも神戸市は、尼崎市とともに、生活保護率は、高く貧困自治体といえる。

　第 4 に、「**都市サービスの高水準**」である。生活サービスを見ても、1 人当りごみ排出量は、指定都市 0.446 トン、全国平均 0.396 トンである、救急出動回数は、指定都市 4.76 件（人口 100 人当り）、全国平均 4.10 件（人口 100 人当り）である。

　このような指定都市の経済・社会の特殊財政需要に対応するだけの、財政力を指定都市は、有していない。大都市財政は、都市サービスを、維持するため、公営企業への繰出金の比率が高く、歳入不足を補うため、公債依存率が高い、という脆弱な財政構造となっている。

　このような都市サービスと財源補塡のギャップは、地方財政における費用負担原則が、忠実に適用されていないからである。

　このような大都市財政の窮状を打開する方法としては、地方財政制度改革は、必要であるが、自力解決策としては、第 1 に、「**特別税・交付金**」などである。かつてゴルフ場利用税を、府県税の娯楽施設利用税のなかに、手を突っ込むような形で、創設された。

　かなり強引な分与方法でも、費用負担の原則かみて、合理性があれば、成功している。ちなみにゴルフ場利用税交付金税は、平成 20 年度 427.4 億円で、入湯税 250.0 億円の 2 倍弱である。

　この費用負担と租税還元率の不公平・ズレが、指定都市財政の貧困化の主たる原因である。今後、指定都市は、超過課税・法定外税なども、ふくめた自力解決への方策を、試みるべきである。

　第 2 に、「**都市政策・都市経営の展開**」である。政府は、過疎・地方開発

などには、熱心であるが、都市問題については、あまり真剣でない。それよりも都市政策・都市経営といった、大都市財政運営については、確定した政策的方針が、欠落している。

　指定都市が、都市再開発、環境保全、ごみ・廃棄物対策、貧困層救済などの、政策を先験的に実施して、実践的施策をつくりだしていく責務がある。また都市財政運営について、地方公営企業、外郭団体をふくめた、都市経営がなされなければならない。

　大都市財政の赤字といっても、構造的制度的赤字と経営的戦略的赤字があるが、都市自治体は、複合的経営（コンゴロマリット）として、卓抜した経営戦略を展開すれば、経営的赤字を解消し、むしろ経営的黒字を、うみだすことすら可能である。

　しかし、都市自治体は、公営企業のみでなく、外郭団体の経営に失敗し、指定都市自身が、都市経営の反面教師となった。市民に対してのみでなく、地方財政における、指定都市の評価を、低めた点で、その責任は重い。

Ⅳ　大都市財政拡充策の処方箋

Ⅳ　大都市財政拡充策の処方箋

1　大都市財政の復権を構築する

　地方財政全体にわたる改革については、地方六団体などで、一般的には共通認識は、形成されている。また大都市財源の拡充についても、毎年発行される、指定都市『大都市財政の実態に即応する財源の拡充についての要望』で、大きな方針は策定されている。

　しかし、地方税だけでなく、交付税・補助金の合計額では、平成18年度で、地方66.3兆円（69.4％）、国29.3兆円（30.6％）となる。

　すなわち全体として、財源は国庫より地方財政へ、かなり移譲されており、地方財政の選択余地は小さい。すなわち消費税の大幅な税率の引き上げがない限り、国・地方で大きな財源配分は、困難である。

　したがって現行地方税体系の枠組みのなかでの、再配分となる。しかも三位一体改革の結果からみて、下手に地方財源の再配分を急ぐ必要はない。指定都市サイドの視点からは、つぎのようにいえるであろう。

　第1の目標は、地方財政の「**原理・原則の遵守**」である。すなわち政府・自治体間の財政関係における、財政秩序、負担原則、基準適正化などを、政府にも認識させ、遵守させることである。

　かって地方財政は、法律制定事項であった、補助率が守られず、超過負担の重圧に苦しめられた。今日も依然として、その後遺症に悩まされている。要するに中央省庁自らが、原理・原則を破っている始末である。

　それは制度ではなく、むしろ制度の運用において、いちじるしい。補助金の零細化、交付税の補助金化、地方債の財源補填債化であり、そして地方税体系すら、財政需要と無関係に形成されている。

　このような無節操な状況では、地方財政の再建は、おぼつかないし、地方自治体の財政運営の健全化も、期待できない。財源配分は、公経済として、財政責任・財源調整・費用負担・受益還元の原則などを、充足させながら、

実現させていかなければならない。

　第1に、国・地方における「**費用負担原則の確立**」である。たとえば保育所財源負担において、国・地方の負担割合は、少なくとも3分に2以上でなければならない。それは政府が、保育内容・保育士資格・人数・施設基準まで、きめ細かく規制しており、あきらかに政府の行政である。

　もし地方が2分の1を負担するならば、保育行政における、行政主導権は、地方団体になければ、政府間関係における適正な関係は、成立しないからである。

　地方財政支援方式は、地方拘束性は弱い、交付金方式で処理されるべきである。政府が地方団体を誘導・奨励するのであれをあれば、交付金方式で十分である。

　そして政府が、当該施策をどうしても、推進したのであれば、高率補助で、政府責任のもとで、事務事業の委託方式を、採用すべきである。

　第2に、行政における費用負担と、その成果として「**財源の還元システムの確立**」である。国・地方関係だけでなく、府県・市町村の関係にても、適正化が求められる課題がすくなくない。

　指定都市の最大の不満は、国税・府県税に多くの法人税・流通税・消費税の配分が、少ないことである。そのため都市基盤を整備し、企業誘致を図っても、税収の大半が、国税・府県税に吸収され、市税への還元比率が小さい。交付税による、財源調整もあり、費用効果において、きわめて不公平な成果の配分となっている。

　戦前、昭和元年の大都市市税（旧6大都市）は、所得税付加税を除外しても、国税営業収益税付加税で、市税収入構成比で、20.8％をしめていた。

　また昭和15年度の地方税改革で、市税は所得税付加税がなくなったが、それでも国税営業税付加税は、市税収入構成比で、26.1％をしめていた。しかも6大府県の営業税付加税額2,701万円にたいして、6大都市の営業税付加税額は、3,568万円である。全国府県税営業税付加税は4,724万円で、市税は5,858万円であった。

　すなわち戦前は、今日の事業税は、市税収入の方が、付加税率を活用して、

Ⅳ　大都市財政拡充策の処方箋

絶対額は大きかった。しかし、シャウプ改革で、市税は事業税を喪失する、悲運に見舞われ、今日まで地方税改革で、事業税付加税は復活しなかった。

大都市財政の歳出からみれば、当然、道府県事業税を軽減し、事業所税の財源とするとか、市町村の事業税付加税を認めるべきである。地方税体系を、本来の財政需要にもとづいて、費用負担原則にもとづく体系へと、変革していくことである。

すなわち三位一体改革などの財源操作より、地方財政制度・運用における、政府間関係・負担原則・公経済のメカニズムなどの、秩序回復・財政自主権の復権の方が、寄与することが大きいのである。

第3に、「**政府直轄事業への地元負担金の廃止**」である。直轄事業に対する負担金は、明治から行われている。それは地方が自己負担として、河川事業をしてきたが、政府が淀川などの1級河川については、地方団体の負担を上回るとして、直轄事業方式を導入し、補助事業と同様に、地方負担制度を導入した。

しかし、理屈として一見、合理性があるが、地方が恩恵を受けるから、負担すべきという論理は、地方団体が自主事業で実施している、無数の建設事業などは、政府も恩恵を受けるから、負担をすべきという、論理が成立する。

大規模事業は、本来、政府が自主事業として処理すべきもので、地方負担を求めるのは、淘汰されるべき、悪しき慣習に過ぎない。

第4に、「**政府関係機関・団体への出資金・負担金の廃止**」である。都道府県のみでなく。指定都市も、政府系公団・機関に、出資金・負担金を、拠出しているが、直轄事業負担金の変形であり、中央省庁は、政府資金のみで、公団等を設立すべきである。

府県財政は、戦前から国費の地元負担団体として、その財政運営がなされてきた。政府直轄事業負担金、地方待遇職員費負担、義務教育教員費負担などである。しかし、指定都市は、そのような従来のシステムの外にあった。指定都市になったから、税源措置もないのに負担させられるには、筋違いの負担強要である。

また政府施設の誘致などにおいて、地方財政法で地方団体の用地寄付などは、違法行為として禁止されているが、脱法的に実質的な財政支援が、地方団体から政府機関になされている。

　第2の財源確保の方針が、「**税源再配分**」である。税源再配分については、国・地方の配分のみでなく、地方税における、府県・市町村の税源配分も軽視すべきでない。

　第1に、「**国税・地方税の配分**」（表13参照）については、当面、国税・地方税の配分を、国1：地方1の割合で、再配分するとして、さまざまの選択肢があるが、これらの措置によって、総額7兆円の増収となる。

　三位一体改革の分析からは、性急な税制改革は、改革なき交付税・補助金削減となり、地方財政を、かえって歪めることになる。

　したがって消費税率引き上げによる、増収分をめぐる、国・地方、府県・市町村、都市・町村の財源配分が、指定都市にとっても、決定的影響をもたらすであろう。指定都市が、財源配分で有利な地位を占められるかどうかである。

表13　国税・地方税配分・5：5の税源移譲時方式

区　分	事　例　1	事　例　2	事　例　3
消費税から地方消費税へ	消費税4％—2.5% 地方消費税—2.5% 移譲見込額4兆円	消費税4％−2.5% 地方消費税1％−2.5% 移譲見込額4兆円	消費税4％−2.5% 地方消費税1％−2.5% 移譲見込額約4兆円
所得税から個人住民税へ	個人住民税の税率 10%—11.5% 移譲見込額約1.5兆円	個人住民税の税率 10%−13% 移譲見込額約3兆円	
法人税から法人住民税へ	法人住民税の配分割合 12.2%—18.3% 移譲見込額約1.5兆円		法人地方税の配分割合 10%—24.4％移譲見込額約3兆円
移譲額計	7兆円程度	7兆円程度	7兆円程度

資料　指定都市『大都市財政の実態に即応する財源の拡充についての要望』6頁。

第2に、「**都市的税収の拡充**」である。指定都市財政の困窮の原因は、いうまでもなく、法人収益税、流通・消費税などの、配分比率が低いことである。

　1つに、指定都市の税収の伸びを、昭和30年度を基準でみると、平成17年度は、都道府県税7,936、市町村6,152、指定都市4,218である。

　2つに、平成20年度の配分比率は、国税73.5％、都道府県税22.6％、市町村税8.7％である。

　3つに、法人所得課税の配分比率は、国税70.8％、都道府県税20.5％、市町村税8.7％である。

　どうしてこのような配分になったかは、シャウプ改革で、市町村税は、安定財源として固定資産税を中心に構成され、都道府県税は、事業税・都市的税目で構成された。そして昭和29年度の改正で、道府県民税も強化され、この構造的特色は定着した。

　法人所得課税の配分は、道府県・市町村税は、同比率の配分にまで、修正されるべきである。

　第2に、「**府県税・市町村税の税源再配分**」である。戦後、昭和29年度、市町村から自治体警察の都道府県への移管に、関連して市町村税から都道府県税へ都道府県民税の創設などが見られた。

　しかし、以後、地方税でも税源配分は、ゴルフ場利用税交付金・自動車取得税の市町村への交付金化以外なく、本格的税移譲はない。

　昭和30年以降、市町村は道府県の事務事業を、多く引き受けてきたが、交付税措置で、処理されてきた。指定都市の事務事業移管でも、まったく税源移譲はない。

　このような事態を放置しておくのは、政府の政策怠慢である。指定都市は、財政需要に応じた、税源再配分を求めるべきである。神戸勧告以来、府県・市町村事務の本格的調査をなされていない。

　ことに開発型建設行政から、生活型サービス行政への転換期にあり、市町村としては、当然、道府県より多くの事務事業の発生に圧迫されている。

　第3の財源確保の方針が、「**地方交付税の適正化**」である。財政需要にも

とづく、税源配分をなすにも、交付税における、基準財政需要額の算定は、きわめて重要な要素である。指定都市としては、交付税の本格的な分析をしなければならない。

交付税は、地方共有税といわれているが、実態は総務省が、主導権をもって配分しており、必ずしも透明・適正な配分とはなっていない。

卑近な事例として、平成15年度に都道府県の留保財源比率を、20％から25％に引き上げているが、実質的には6,500億円以上も、道府県交付税への増額となっている。このことは交付税財源が、6,500億円喪失したことになる。

このような巨額の財源配分を、さしたる議論・根拠もなしに、実施することは、政府の財政運営の信頼性を、いちじるしく損なうことである。政府説明では、「税収確保インセンティブを強化すること及び財源保障範囲の縮小により、自らの責任と財源で対応すべき部分を拡大させる趣旨」といわれている。

しかし、この点は、市町村交付税においても、同様である。従来、道府県留保財源率が、市町村より５％低いのは、義務的事務事業比率が、市町村財政より低いという、明確な財政指標の根拠によるものである。

第１に、「全指定都市の不交付団体化」である。交付税における、指定都市の不交付税団体は、平成元年年度は、12団体中２団体であったが、５年度には、13団体中４団体となり、18年度15団体中４団体で、指定都市の財政力低下を立証している。

財政力指数で見ても、平成10年度大都市0.84、中核市0.85で、大差はない。18年度でも、大都市0.84、中核市0.80、特例市0.88で、指定都市は中核市よりよいが、特例市より悪い。このことは、指定都市が過度の財源調整の犠牲であることを、立証する財政事実である。

指定都市の基準財政需要額・基準財政収入額（表14参照）の収支は、さいたま市・千葉市・川崎市・名古屋市の４市が、収入超過団体であるが、超過額は、243億円でさしたる額でなく、不足額は5,589億円と圧倒的に大きい。

Ⅳ 大都市財政拡充策の処方箋

表14 指定都市基準財政超過額・財政力指数　　（単位　百万円）

区　分	基準財政需要額A	基準財政収入額B	差引過不足額C	普通交付税D	特別交付税E	E÷A
札　幌　市	339,549	228,414	111,135	111,019	2,068	0.61
仙　台　市	173,526	144,415	29,111	29,109	1,098	0.63
さいたま市	166,060	170,167	△4,107	543	1,679	1.01
千　葉　市	140,271	141,616	△1,345	4,988	541	0.39
川　崎　市	205,630	217,809	△12,179		566	0.10
横　浜　市	572,630	560,078	12,552	10,058	1,118	0.20
静　岡　市	117,462	106,303	11,159	12,426	1,244	1.06
名古屋市	395,098	401,805	△6,707		1,168	0.30
京　都　市	283,526	205,486	78,040	78,035	2,216	0.78
大　阪　市	554,931	508,229	46,702	46,701	507	0.09
堺　　　市	135,176	108,526	26,650	26,716	1,054	0.78
神　戸　市	311,990	216,793	95,197	96,021	1,920	1.41
広　島　市	211,834	168,147	43,687	437,515	1,539	0.73
北九州市	196,801	137,452	59,349	59,348	2,403	0.93
福　岡　市	258,009	212,629	45,380	46,215	1,635	0.63
合　　計	4,062,492	3,527,869	534,624	958,692	18,688	0.46

資料　地方財務協会『市町村別決算状況調・平成18年度』

　第2に、「全国平均一般財源の1.5倍」をめざすべきである。平成18年度の1人当りでは、指定都市一般財源は、25万2,997円（市税19万929円、交付税2万5,987円）、中核市21万6,457円（市税15万11円、交付税2万8,225円）、特例市20万185円（市税14万8,090円、交付税2万4,443）である。

　全国平均の市町村一般財源は、1人当り22万6,825円、都道府県21万59円である。都道府県との比較は、財政分析が不十分であるが、指定都市が全国市町村の平均より、一般財源で11.15％しか高いない、水準はどうみても、低水準であり、その1.5倍を目標とすべきである。

　1人当りの一般財源をみても、指定都市より、小規模町村のほうが、はる

かに大きいが、過度の財源調整、過剰な財源配分、過大な財政需要積算が、交付税でおこなわれている。

1人当りの基準財政需要額（表15参照）をみても、指定都市は、中核市の1.7倍と、それなりの財政需要額が算定されているが、町村の1.30倍しかな

表15　市町村類型別1人当り基準財政需要額水準　　（単位　百万円）

区　分	人口　千人	基準財政需要額	1人当り円	財政超過額	財源不足額
大都市	22,007	5,314,650	241,498	843,210	562,441
中核市	16,928	2,332,508	137,790	12,102	563,685
特例市	10,880	1,488,264	136,789	42,497	238,811
都　市	51,959	9,351,373	179,976	209,262	3,364,167
町　村	17,504	3,257,951	186,126	63,877	1,814,317

く、あきらかに過少算定である。

都市財政で、人口規模別の1人当り交付税額（表16参照）をみてみると、札幌市は、おなじ北海道紋別市の2分の1程度である。小規模・過疎化の財政は、確かに厳しいが、過剰な財源調整か、過大な財源補填措置ではなかろうか。少なくとも、指定都市の財政需要の過少評価がなされている。

表16　都市規模別1人当り交付税　　　　　（単位　円　）

人口規模	市　　　　　名			
約100万人	仙　台　市 173,286	千　葉　市 154,090	広　島　市 185,076	
約50万人	宇都宮市 137,972	松　山　市 152,058	船　橋　市 123,183	姫　路　市 140,687
25万人	明　石　市 144,641	呉　　　市 172,063	三　原　市 188,739	平　塚　市 124,516
10万人	鹿　沼　市 161,500	富士見市 134,919	東　海　市 131,942	浦　添　市　92,818
5万人	湯　沢　市 222,155	喜多方市 216,478	羽　生　市 346,359	幸　手　市 131,487
2.5万人	紋　別　市 310,468	富良野市 275,355	須　崎　市 247,351	枕　崎　市 219,963

注　人口 19.3.31 現在

第3に、「基準財政需要額の引上げ」である。交付税における、基準財政

需要の算定が、不十分である。卑近な事例が、交付税算定における、補正係数の魔術によって、指定都市の財政需要は、抑制されている。

現在の補正係数による財政需要の増加分は、事業費補正が、半分以上をしめており、密度・態容補正は、15％前後で、基礎的財政需要の算定としては、問題がある。

地方財政全般について、いえることであるが、公共投資型の財政から、サービスの財政への変動が、すでに発生しており、地方税・交付税・補助金においても、サービス型への転換をしなければ、大きな財源不足に見舞われる、恐れがある。

第4に、「**交付税の補助金化への反対**」である。交付税本来の目的である、基礎的財政需要の充足からの逸脱である。村おこしなど、地域振興の行政項目が、公然と設置され、補正係数でも優遇され、補助金と同質化していった。

平成20年度をみても、「地方再生対策費」(都道府県1,500億円、市町村2,500億円)が算入されている。

また「頑張る地方応援プログラム」(3,000億円)が、算入されているが、新設の趣旨は、地方団体の行財政節減、地域振興、徴税率の向上、リサイクル率のアップ、小売販売額の増加、製造品出荷額の増大、転入人口増などが、算入要素となっている。

しかし、これらの要素は、当該地方団体の行財政努力よりも、経済社会的構造要因が、大きな要素である。しかもこれでは交付税が、補助金よりも補助金化しており、交付税の堕落との非難を、甘受しなければならない。

指定都市などの都市自治体にとって、これら特別行政費目は、算定方式・係数からみて、農村振興的事業であり、基準財政需要に、反映されることは少ない。交付税としては、本来の基礎的財政需要の算入が、先決課題である。

総務省が、このような強引ともいえる、交付税の補助金化をすすめているのは、中央統制としての、交付税の活用を図っていくことにあった。総務省は、従前の自治省の時代から、他の中央省庁のように、補助金による地方団体統制手段が欠落していた。

したがって交付税の補助金化によって、自治体への実質的統制・誘導・監督機能を培養する必要があった。地方債においても、単なる許可権限のみでなく、財源補填債化によって、強制力を強化させていったのである。

交付税は、その制度的使命である、地方財政の基礎的財政需要の財源付与を通じての財源調整という、原点に回帰すべきである。地方財政をつぶさにみるとき、交付税・地方債による、財政破綻という、事実を直視すべきであろう。

第5に、交付税の「**科学化・民主化**」である。交付税の補助金化・財源補填債化という、異常な症状をみて、交付税の交付金化・廃止が、提唱されている。

しかし、交付税を人口・面積という、算定要素だけで、処理するには、交付税額の激変が発生し、現実的ではない。では交付税システムをどう改革するのかは、結局、交付税の科学化・民主化しかない。

交付税の科学化は、交付税は精緻な係数操作で、厳密に算定されているようであるが、政策的合理性が、欠落したままで、数値だけが独り歩きしている。

段階・態様補正にしても、総務省の机上演習で操作されており、実態調査にもとづく、分析はいまだかって、なされたことはないであろう。要するに交付税算定における、実態調査による、立証が不可欠の前提条件である。

交付税の民主化は、交付税の算定基礎の情報公開であり、交付税配分への自治体参加であり、不服申立てである。

もっとも平成12年度から、交付税の民主化の一環として、意見の申出制度（地方交付税法第17条1の4）が、設置されている。19年度の実績は、単位費用（法律事項）198件、提出項目88件、採用25件、補正係数等（省令事項）124件、提出項目111件、採用30件である。

第4の財源確保方針が、「**国庫補助金の増額**」であるが、補助金の分析から、つぎのような点が、指摘できる。

第1に、「**国庫負担金と国庫補助金の厳密な区別**」がなされなければなら

ない。負担金は、財政状況の如何をとわず、政府は責任度合に応じて、必要な負担額を負担すべき性格の、国庫支出金である。

　生活保護は、社会保障の代表的施策であり、政府が全額負担すべきものである。ただ政府全額負担とすると、生活保護支給における、認定が甘くなり、地方団体負担をもとめるのが、措置費運用上は、必要であるとの理由で、地方負担が容認されるだけである。

　三位一体改革によって、府県では、義務教育負担率が、2分の1から、3分の1になった。市町村では、児童手当が3分の2から、3分の1、児童扶養手当が4分の3から3分の1に、施設介護給付費が、10分の2.5から、10分の2に、国民健康保険が、2分の1から実質10分の4.3に低下している。先にみたよう補助金削減による、地方財政の自主性の回復は、空手形に終った。

　国庫が負担すべき金額・比率については、国庫が負担すべきである。税源移譲が、あったから、社会保障費の負担を引き下げるのは、国・地方の政府間関係らみて、負担原則に反する。他の奨励的建設・施策補助を削減すべきで、社会保障関係の国庫補助金は、すくなくとも、8割以上負担とすべきである。

　第2に、補助金改革の核心は、「零細補助の廃止」であるが、三位一体改革でも、あまりすすまなかった。

　中央統制という点からは、1,000億円の補助金も、10億円の補助金も、あまり差はない。問題はいくら件数財源性が減少したかである。

　三位一体改革では、補助金を廃止して、総額約8,000億円の、街づくり交付金、地域住宅交付金などが、創設された。実質的には補助金の存続である。

　地方六団体が、結束して、都道府県で10億円、市町村で5億円以下の、奨励的補助金を、申請しなければ、零細補助は次第に淘汰されていくはずである。負担金以外の奨励補助の運営費補助については、かなりの補助金は、削減が可能である。

　第3に、「補助金採択システムの適正化」である。国庫補助金の措置・運営

は、国・地方の政府財政関係における、原則・秩序・信義に反する、行為・措置は排除されるべきである。

法定補助については、超過負担が、発生しないよう、配慮すべきであり、零細補助の廃止整理・統合である。

さらに交付税と同様に、補助採択基準、補助率水準、補助金算定方式、補助金交付時期など、全般にわたるが、特に補助事業の採択は、財源が限定され、採択事業がすくない状況では、公開の事業評価審査会で、事業の費用効

表17　大都市特例事務に関係する国庫補助金負担金（平成20年）　（単位　百万円）

地方自治法第252条の1の規定にもとづく事務に関係するもの		その他法令にもとづく事務に関するもの	
事　務　の　項　目	国庫補助金負担金額	事　務　の　項　目	国庫補助金負担金額
児　童　福　祉	23,853	国道・道府県道管理	46,941
民　生　委　員　会	9	土　木　出　張　所	35
身体障害者福祉	777	衛　生　研　究　所	54
生　活　保　護	1,617	道府県費教職員の任免・研修	9
社　会　福　祉　事　業	8	都　市　緑　地　保　全	786
知的障害者福祉	12	1・2級河川維持管理	874
母子家庭寡婦福祉	235	スクールカウンセラー	596
老　人　福　祉	165		
母　子　保　健	1,007		
障　害　者　自　立　支　援	18,578		
食　品　衛　生	16		
精　神　保　健　福　祉	1,755		
結　核　予　防	441		
土地区画整理事業	65		
屋外広告物規制	5		
合　　　計	45,543	合　　　計	49,295

出典　指定都市『大都市財政の実態に即応する財源の拡充についての要望』（平成21年度）23頁

果からみて、選別するシステム導入を急ぐべきである。

第4に、「補助整理と税源補填措置」である。国庫補助制度の改正においては、大都市特例の事務事業（表17参照）には、府県への税源移譲のみでなく、指定都市への税源移譲となるよう、配慮すべきである。

要するに府県に税源移譲で、指定都市はその例外として、交付税措置でという、安易な対応でしますべきでない。システムとして交付金制度として、府県税源の一部を還付する措置を、注入すべきである。

第5に、「道府県補助金と指定都市への差等補助等」である。近年の注目すべき動向として、府県による市町村への補助で、指定都市のみにみを、除外・低率補助にするなどの動きが、目立つ。

法定補助であるなら、法律違反であり、任意補助であっても、単に指定都市であるという、理由では政策的合理性がなく、当該団体を不当に扱う措置である。

国庫が負担すべき金額・比率については、国庫が負担すべきである。税源移譲が、あったから、社会保障費の負担を引き下げるのは、国・地方の政府間関係らみて、負担原則に反する。

2　大都市財源の政策的創出をすすめる

大都市財政需要に対応した、大都市特例制度の創設・拡充は、指定都市としは、従来から運動を展開してきた。しかし、昭和30〜50年で、市税法人分税率の引上げ、事業所税創設以外は、大きな成果は、みられていいない。より具体的に要望の重点を絞っていくことである。

個別問題の解消は、いわば塹壕戦のようなもので、戦後、一貫して要求しつづけてきた、懸案が多い。指定都市の財源要望書でも、「租税特別措置等の整理合理化」（市民税4,025億円）、「超過負担解消」（指定都市分640億円）、「直轄事業負担金廃止」（指定都市91.5億円）などが、列記されている。

第1の財源拡充策は、指定都市における「**市税の具体的増収策**」である。現在の地方税体系は、財源対策にもとづく、税源配分であり、財政需要に対応して、税源を配分する、原則が守られていない。卑近な事例が、費用負担の原則からみて、自動車税・不動産取得税などが、指定都市分も府県税として、残っている状況である。

　第1に、「**固定資産税の拡充**」である。指定都市における固定資産税は、平成10年度、1兆9,111億円、18年度1兆6,635億円と、減少している。地価は低迷しているが、財政需要は、福祉・環境行政などで、増加している。

　市町村の主要財源とされた、固定資産税が、このような状況では、財政運営は、困難であることは、自明のことであり、指定都市が、要望するまでもなく。政府が自発的解決すべき問題である。具体的には、小規模宅地の軽減措置を抑制すべきである。

　地価高騰期に負担軽減のため、創設され、草案では2分の1が、3分の1になり、現在では6分の1になっている。郡部ではともかく、都市部では200㎡は、中規模住宅地であり、100㎡まで3分の1,100～200㎡は2分1に改正されるべきである。

　第2に、「**事業所税の課税基準の拡大**」である。面積500㎡、従業者50人に引き下げるべきである。事業所税は、都市計画税とならんで、都市特別税であるが、都市集積の抑制、都心整備の財源としては、創設されたものである。

　しかし、実際は、市内全体に課税され、製造業に重い負担となっており、都心の金融機関・サービス産業の多くは、小規模のため非課税となっていつが、税目の趣旨からみて、負担の不公平となっている。事業所税は、小規模であるから、負担能力がないものではない。

　札幌市の事業所統計（平成18年度）では、全市7万2,999事業所、従業者数278万524人であるが、100人以上の事業所は、978事業所、従業員21万5,850人である。要するに大半が、非課税である。

　もし50～99人の事業所まで課税すると、1,490事業所，従業員10万2,417

人で、約50％、約36億円の増収となる。

　第3に、「**不動産取得税・自動車税の指定都市区域の府県税の移管**」である。土地整備事業・道路建設事業をみても、府県は指定都市区域内では、ほとんど事業をしていない。地方税における受益者負担、事務事業におけるの費用弁償の原則からみても、指定都市への移譲が、当然の措置である。

　都市整備の特別財源は、めぐまれていない。ことに不動産所得税などの都市開発関連税目が、府県税となっている。これらは、指定都市誕生時の宿題である。

　指定都市は、人口比率からみて、道府県税の不動産取得税970億円、自動車取得税3,450億円の20％に相当する税源移譲があって、しかるべきである。

　第4に、「**道路財源の拡充**」である。平成20年度の道路特定財源の配分状況は、総額5.4兆円であるが、政府が4.0兆円、地方が1.4兆円をあつめている。譲与税で、0.7兆円、補助金などで1.3兆円が、国から地方へ交付され、最終的には、国2.0兆円、地方3.4兆円となっている。

　指定都市は、府県と同様に市内国道を管理しているので、国・府県道分1,377億円と、市町村道分1,022億円の合計2,399億円である。

　問題は都道府県に比較して、道路整備費における、町村道整備における一般財源負担率が、国道・都道府県道に、くらべて高いことである。

　道路財源の趣旨からいっても、国道・都道府県道・市道・市町村道が、おなじ一般財源負担率でなければならない。

　平成18年度市町村道路整備費1兆2,224億円で、10％の道路財源配分増加があると、1,222億円の増加となる。指定都市は、そのうち20％として、約200億円となる。

　道路財源の趣旨からいっても、国道・都道府県道・市道・市町村道が、おなじ一般財源負担率でなければならない。

　第5に、「**法定外税の創設**」である。法定外普通税と法定外目的税があるが、いずれにせよ地方団体の財政需要は、画一的地方税、補助金化・減収補填財源化した交付税、超過負担の大きい国庫補助金では、指定都市財政は、

どうしても財源不足が発生する

すなわち地方財政制度・システムという、全国的財源措置で、個別団体の財政需要を充足することは、不可能であり、課税自主権によって、財源調達を認めるしかない。具体的には、超過課税と法定外税である。

しかも法定外税には、政策的効果があり、一般的行政施策では、困難な政策目的を遂行することができる。今後、環境・福祉・文化・都市計画政策などでの活用を、積極的に図っていかなければならない。

ただ平成18年度でみると、法定外普通税468.7億円（都道府県税456.1億円、市町村税12.6億円）法定外目的税91.8億円（都道府県税78.6億円、市町村税13.2億円）、合計560.5億円である。

核燃料税関係391.5億円、産業廃棄物関係税65.8億円が、税収から大きな法定外税であるが、政策的より財源的な法定外税といえる。

政策的性格が、濃厚な法定外普通税としては、神奈川県の臨時特例企業（62.8億円）がある。しかし、東京都銀行税と同様に、国税に対する、地方税の独立性の限界から、いずれも地裁レベルでは、敗訴している。

法定外税の創設は、つねに厳しいが、財源的法定外税でなく、都市政策的法定外税を、指定都市は、共同歩調で創設していくべきである。現行制度のもとでは、指定都市独自の法定外税は、皆無でありことは、都市自治体としてむしろ、恥じるべきであろう。

具体的な税目としては、都市美観税（屋外広告物税）、屋外型自動販売機税、レジ袋税などが考えられる。なおレジ袋税は、政府で審議中である。

もしレジ袋税を、指定都市が創設し、市民1人当り100円として、指定都市で25億円の税収となるが、1トン3万円のごみ処理費も節減できるので、ごみ減量化がすすめば、数億円程度の行政コストの低下をもたらすことは、十分に見込めるであろう。

このレジ袋負担方式は、全国最大の生活協同組合「コープこうべ」が、10年以上前から、導入しており、1億円の収入でもって、環境活動・環境教育の財源に充当している。

Ⅳ　大都市財政拡充策の処方箋

　都市政策の実践にて、都市自治体は、大きく遅れており、このような実態を、恥じるべきである。指定都市が、その存在意義を問われるのは、まさにこのような都市政策の実践成果を、いくら蓄積していたかである。
　第2の財源拡充策は、「**交付税改革**」で、大都市財政需要と交付税算入額との、過不足分の算入である。
　第1に、「**事業所税の算入**」は、目的税から不算入とすべきである。地方交付税における基準財政歳入については、大きい問題はないが、事業所税の基準財政歳入への算入率を2分の1とすべきである。
　事業所税は、目的税であり、本来、算入すべきでない。都市計画税・入湯税などが、同じ目的税で不算入であることからみても、都市税制への不当措置である。かりに算入するとしても、2分の1である。
　地方税の性格からみて、特定団体の特定財政需要に対して、特定の都市自治体に認められた、税目であり、基準財政需要額の算定においても、都市集積に対しての、特別算入はないので、歳入において当然、不算入である。
　このような特別税まで算入されると、都市財政の犠牲において、交付税財源をふやしており、特別税とはいえないであろう。超過課税が、不算入であることを、考えても不当な措置である。
　個別自治体にとっては、超過課税・法定外税は、交付税の基準財政性収入額に算入されないで、交付団体にとっては、標準税率の4倍の税収に匹敵するのである。
　第2に、「**補正係数の適正適用**」について、交付税における基準財政需要額の算定について、基本的には、指定都市特有の財政需要の算入が、不十分であることである。ことに近年、補正係数の態容補正係数の引き下げが行われ、指定都市の交付税減額は、数百億円にもなるのではないか。
　交付税の減額は、地方税・補助金のように、明確な形であらわれないので、見過ごされるが、財源的被害は、巨額になる。
　従来、交付税は難解であり、また政府が恣意的処理はしないものとみなしてきたが、補助金より、政府の施策姿勢を反映して、府県・町村有利の数値

操作がなされていった。

　卑近な事例は、普通態容補正は、最近数年で約１％前後低下している。指定都市の数値は、それでも1.5前後の数値はあるが、段階補正が0.7程度であり、連乗方式で計算されるので、最終補正係数は、1.05となる。数字のマジックである。

　要するに人口10万人の標準都市と、ほぼ同水準の行政水準となり、基準財政需要額も当然、同水準の額しか算定されていない。補正係数操作の魔術であるが、常識的にみて、おかしいことは明白である。

　実際問題として、基準財政需要額の算出における、行政項目・補正係数を、みると交付税の苦悩が、そこに凝縮されている。

　補正係数は、財政需要額に大きく、影響するのが、単位費用のように数値変動の説明根拠の解明が、困難である。なお補正係数による、増加分の６割以上が、事業費補正（元利償還）であって、すでに投資された、公共投資であり、実際、これからの交付税算定には、影響はない。むしろ密度・態容補正などが、４分の１を占めており、補正係数としては重要である。

　行政項目の測定単位を、細分化していっても、実態との遊離は、なかなか埋められない。そのため補正係数の数をふやして、実態への接近を図っていくが、補正係数を５つも６つも採用していくと、最終的補正係数が、はたして実態に合致しているのか、交付税担当者すら、わからなくなり、理想の交付税の算定方式、適正な基準財政需要額への操作は、迷路に入ってしまっている。

　しかも純粋に基礎的財政需要、ナショナル・ミニマムの算出だけでなく、地域振興・財源補塡といった、政策的な配慮も加味していかなければならない。

　したがって地域振興費、地方再生対策費、財源補塡費などが、次第に比重をまし、歪められた係数操作を繰り返している、状況になっている。

　個別の行政項目に適用される補正係数が、数個にもなり、多い行政項目では、10個を超えている。補正係数の適用には、連乗方式と加算方式があり、

Ⅳ　大都市財政拡充策の処方箋

連乗方式では、補正係数相互が、相殺し、数値が伸びないケースが起こる。

　この数年で、大都市の態容補正係数は、約0.1切り下げられているが、指定都市全体では、基準財政需要額が、数百億円程度の削減となるであろう。

　いずれにせよ基準財政需要額算定における、行政項目・測定単位・単位費用・補正係数・などの、財政需要との関連で、全面的分析が必要である。

　第4に、「特別交付税の過少算定」については、指定都市としてどう対応するかは、特別交付税の内訳が、公表されていないので、明確な要求もできない。特別交付税の対象項目（表18参照）からして、公営企業・福祉特別財政需要が、十分に算入されていない、のではなかろうか。

　市町村特別交付税（平成18年度9,545億円）の53.6％を都市（小規模市）が占め、22.9％が、町村に交付されている。大都市2.2％、中核市5.2％、特例市3.0％に過ぎない。

表18　特別交付税行政項目

区　　　分	項　　　　　目
災 害 防 災 対 策	災害復旧など
公 営 企 業 繰 出 金	病院・下水道など
算 定 期 日 の 理 由	6月1日以降の借入金、4月2日以降保健所設置市
普通交付税の簡素化	特別選挙・冬季分校設置・複式学級・特殊学級
地理条件・自然条件	離島対策費、巡回診療費、特殊土壌対策費
臨 時 的 経 費	渇水対策費、伝染病対策費、
個 別 問 題	放置自転車費、基地対策費

　なお基準財政需要額と特別交付税の比率は、指定都市では、基準財政需要額4兆625億円、特別交付税1,869億円で、0.46％、中核市で基準財政需要額2兆6,161億円、特別交付税207億円で、0.79％、特例市で基準財政需要額1兆5,433億円、特別交付税285億円で、1.85％、市財政全体では、基準財政需要額17兆3,241億円、特別交付税6,107億円で、3.53％である。

　ちなみに町村財政では、基準財政需要額1兆4,853億円、特別交付税2,188億円で、14.73％と高い比率となっている。

アトランダムに一般都市をみると、基準財政需要額と　特別交付税の比率は、函館市（人口29万人）2.50％、旭川市（人口35.7万人）1.06％、青森市（人口31.1万人）4.53％、盛岡市（人口29.3万人）3.64％となっている。

大都市圏では、水戸市（人口26.4万人）1.89％、前橋市（人口39.8万人）2.73％、川越市（人口32.8万人）0.72％である。

一般都市では、北海道北見市（人口12.7万人）13.1％、釧路市（人口19.1万人）4.22％である。大阪府下の富田林市（人口12.2万人）1.04％、岸和田市（人口20.2万人）0.34％である。

表14の基準財政需要額に対する、特別交付税の比率をみると、指定都市では、さいたま市・静岡市・神戸市のみが、1％をこえているが、他の指定都市は、1％以下であり、最低は大阪市の0.09％で、もっとも法人集積があり、昼間人口が多い、大阪市が最低水準であることは、大都市財政需要が、ほとんど算入されていないといえる。

都市財政全体では、基準財政需要額と特別交付税の比率は、3.52％であるが、指定都市は、0.51％に過ぎない。町村財政では、7.34％である。

このように地方財政における、　特別交付税の配分状況は、都市的需要より、過疎的・地域起し的需要が、より多く算定されていると推測できる。

第3の財源拡充策は「**国庫補助金改革**」である。国庫補助金は、地方行政への介入として、減額・排除されるべき、国庫支出金とみなされている。しかし、地方自治体が、インセンティブが、まったくない状況で、必要な先進的施策を、実施するとはかぎらない。したがって時限的奨励補助金は、導入されても、大きな阻害要素にはならないであろう。

むしろ国庫負担金としての、国庫支出金の問題を、地方自治体は、処理しなければならい。

第1に、「**負担比率の回復**」である。社会保障費関連負担金は、本来、全額負担として、政府に要求すべきである。生活保護行政の補助率90％とする。

国庫補助金の削減は、零細補助とか、機能が形骸化した、補助金を廃止し

て、はじめて削減効果が、発揮できるので。

　第2に、「補助金の交付金化」である。保育所などのサービス行政について、いわゆる措置費としての、運営費については、交付金方式に改正すべきである。当該、市町村の保育児童数を指標として、交付税方式で、配分すべきである。

　第3に、「超過負担費の解消」である。指定都市で表にみられるように、640億円の超過担が発生している。指定都市の試算では、約640億円の超過負担課税が。生じている。

　保育所運営費526億円、ごみ処理施設建設費24億円、小・中学校建設費70億円、小・中学校屋内運動施設建設費17億円などである。

　補助金・負担金は、基本的には地方税・交付税化すべきであるが、負担金については、国庫負担責任の遵守、負担金額の保障という点は、地方税・交付税より優れている。したがって交付金として、別立てで存続をしても、運用させ透明化・民主化されれば、容認できるであろう。

参考文献
　高寄昇三『10大都市時代』日本経済新聞社　1972
　高寄昇三『地方分権と大都市』勁草書房　1995
　高寄昇三　『阪神大震災と自治体の対応』学陽書房　1996
　高寄昇三『地方分権と補助金改革』公人の友社 1997
　高寄昇三『阪神大震災と生活復興』　勁草書房　1999
　木村収『地方分権改革と地方税』ぎょうせい 2001
　高寄昇三『交付税の解体と再編成』公人の友社 2002
　高寄昇三『東京都銀行税判決と課税自主権』公人の友社　2002
　赤井伸郎など『地方交付税の経済学』有斐閣 2003
　木村収『大都市行財政の展開と税制』晃洋書房　2004
　（財）東京市政調査会編『大都市のあゆみ』指定都市市長会　2006
　高寄昇三『明治地方財政史第6巻・大都市財政と都市経営』　勁草書房　2006
　佐藤文俊編『三位一体改革と将来像－総説・国庫補助負担金』ぎょうせい　2007

黒田武一郎『三位一体改革と将来像－地方税・地方交付税』ぎょうせい　2007
高寄昇三『地方財政健全化法で財政破綻は阻止できるか』公人の友社　2008
高寄昇三『大正地方財政史・上、下巻』公人の友社　2008、2009

［著者略歴］
1934年　神戸市に生まれる。
1959年　京都大学法学部卒業。
1960年　神戸市役所にはいる。
1975年　「地方自治の財政学」にて「藤田賞」受賞。
1979年　「地方自治の経営」にて「経営科学文献賞」受賞。
1985年　神戸市退職。甲南大学教授。
2003年　姫路獨協大学教授。
2007年　退職。

［著書］
『市民自治と直接民主制』、『地方分権と補助金改革』『交付税の解体と再編成』、『自治体企業会計導入の戦略』、『自治体人件費の解剖』、『大正地方財政史上巻』(以上、公人の友社)、『阪神大震災と自治体の対応』、『自治体の行政評価システム』、『地方自治の政策経営』、『自治体の行政評価導入の実際』、『自治体財政破綻か再生か』(以上、学陽書房)、『現代イギリスの地方財政』、『地方分権と大都市』、『現代イギリスの地方自治』、『地方自治の行政学』、『新・地方自治の財政学』、『明治地方財政史・Ⅰ～Ⅴ』(以上、勁草書房)、『高齢化社会と地方自治体』(日本評論社)、その他多数。

地方自治ジャーナルブックレット No49
政令指定都市がめざすもの

2009年4月20日　初版発行　　　定価（本体１４００円＋税）

　　　著　者　　高寄　昇三
　　　発行人　　武内　英晴
　　　発行所　　公人の友社
　　　　　　　〒112-0002　東京都文京区小石川５－２６－８
　　　　　　　TEL 03-3811-5701　FAX 03-3811-5795
　　　　　　　Eメール　koujin@alpha.ocn.ne.jp
　　　　　　　http://www.e-asu.com/koujin/

大正地方財政史・上下巻

高寄昇三（甲南大学名誉教授）　A5判・上282頁、下222頁　各定価5,250円
　　　　　（上）ISBN978-4-87555-530-8 C3030　　（下）ISBN978-4-87555-530-8 C3030

大正期の地方財政は、大正デモクラシーのうねりに呼応して、中央統制の厚い壁を打ち崩す。義務教育費国庫負担制の創設、地方税制限法の大幅緩和、政府資金と地方還元など、地方財源・資金の獲得に成功する。しかし、地租委譲の挫折、土地増価税の失敗、大蔵省預金部改革の空転など、多くが未完の改革として、残された。政党政治のもとで、大正期の地方自治体は、どう地域開発、都市計画、社会事業に対応していったか、また、関東大震災復興は、地方財政からみてどう評価すべきかを論及する。

（上巻）1 大正デモクラシーと地方財政　2 地方税改革と税源委譲
　　　　3 教育国庫負担金と町村財政救済　4 地方債資金と地方還元
（下巻）1 地方財政運営と改革課題　2 府県町村財政と地域再生
　　　　3 都市財政運用と政策課題

私たちの世界遺産1　持続可能な美しい地域づくり
世界遺産フォーラム1n高野山

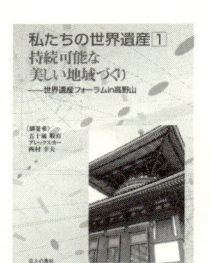

五十嵐敬喜・アレックス・カー・西村幸夫　編著
A5判・306頁　定価2,000円　　ISBN978-4-87555-512-4 C0036

世界遺産は、世界中の多くの人が「価値」があると認めたという一点で、それぞれの町づくりの大きな目標になるのである。それでは世界遺産は実際どうなっているのか。これを今までのように「文化庁」や「担当者」の側からではなく、国民の側から点検したい。
　本書は、こういう意図から2007年1月に世界遺産の町「高野山」で開かれた市民シンポジウムの記録である。　　（「はじめに」より）

何故、今「世界遺産」なのか　五十嵐敬喜
美しい日本の残像　world heritageとしての高野山　アレックス・カー
世界遺産検証　世界遺産の意味と今後の発展方向　西村幸夫

私たちの世界遺産2　地域価値の普遍性とは
世界遺産フォーラム1n福山

五十嵐敬喜・西村幸夫　編著
A5判・250頁　定価1,890円　　ISBN978-4-87555-533-9 C3030

本書は、大きく3部で構成されている。まず第1部では、NPMといわれる第一世代の行革から、多様な主体のネットワークによるガバナンスまで、行政改革の国際的な潮流について概観している。第2部では、行政分野のマネジメントについて考察している。………本書では、行政と企業との違いを踏まえた上で、民間企業で発展した戦略経営やマーケティングをどう行政経営に応用したらよいのかを述べている。第3部では、最近盛んになった公共領域についてのガバナンス論についてくわしく解説した上で、ガバナンスを重視する立場からは地域社会や市民とどう関わっていったらよいのかなどについて述べている。　　（「訳者まえがき」より）

「自治体憲法」創出の地平と課題
―上越市における自治基本条例の制定事例を中心に―

石平春彦(新潟県・上越市議会議員)　A5判・208頁　定価2,100円

ISBN978-4-87555-542-1 C3030

「上越市基本条例」の制定過程で、何が問題になりそれをどのように解決してきたのか。ひとつひとつの課題を丁寧に整理し記録。

現在「自治基本条例」制定に取り組んでいる方々はもちろん、これから取り組もうとしている方々のための必読・必携の書。

　　はじめに
　Ⅰ　全国の自治基本条例制定の動向
　Ⅱ　上越市における自治基本条例の制定過程
　Ⅲ　上越市における前史＝先行制度導入の取組
　Ⅳ　上越市自治基本条例の理念と特徴
　Ⅴ　市民自治のさらなる深化と拡充に向けて

自治体政府の福祉政策

加藤　良重著　A5判・238頁　定価2,625円　ISBN978-4-87555-541-4 C3030

本書では、政府としての自治体（自治体政府）の位置・役割を確認し、福祉をめぐる環境の変化を整理し、政策・計画と法務・財務の意義をあきらかにして、自治体とくに基礎自治体の福祉政策・制度とこれに関連する国の政策・制度についてできるかぎり解りやすくのべ、問題点・課題の指摘と改革の提起もおこなった。

第1章　自治体政府と福祉環境の変化　第2章　自治体計画と福祉政策
第3章　高齢者福祉政策　第4章　子ども家庭福祉政策
第5章　障害者福祉政策　第6章　生活困窮者福祉政策
第7章　保健医療政策　第8章　福祉の担い手
第9章　福祉教育と福祉文化　＜資料編＞

鴎外は何故袴をはいて死んだのか

志田　信男著　四六判・250頁　定価2,625円　ISBN978-4-87555-540-7 C0020

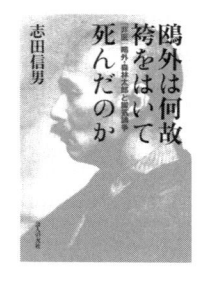

「医」は「医学」に優先し、「患者を救わん」（養生訓）ことを第一義とするテクネー（技術）なのである！

陸軍軍医中枢部の権力的エリート軍医「鴎外」は「脚気病原菌説」に固執して、日清・日露戦役で3万数千人の脚気による戦病死者を出してしまう！

そして手の込んだ謎の遺書を残し、袴をはいたまま死んだ。何故か！？

その遺書と行為に込められたメッセージを今解明する。

自律自治体の形成　すべては財政危機との闘いからはじまった

西寺雅也（前・岐阜県多治見市長）　　四六判・282頁　　定価2,730円
　　　　　　　　　　　　　　　　　　　　　ISBN978-4-87555-530-8　C3030

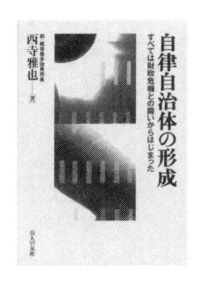

多治見市が作り上げたシステムは、おそらく完結性という点からいえば他に類のないシステムである、と自負している。そのシステムの全貌をこの本から読み取っていただければ、幸いである。
（「あとがき」より）

Ⅰ　すべては財政危機との闘いからはじまった
Ⅱ　市政改革の土台としての情報公開・市民参加・政策開発
Ⅲ　総合計画（政策）主導による行政経営
Ⅳ　行政改革から「行政の改革」へ
Ⅴ　人事制度改革
Ⅵ　市政基本条例
終章　自立・自律した地方政府をめざして
資料・多治見市市政基本条例

フィンランドを世界一に導いた100の社会政策
フィンランドのソーシャル・イノベーション

イルッカ・タイパレ-編著　山田眞知子-訳者
A5判・306頁　定価2,940円　ISBN978-4-87555-531-5　C3030

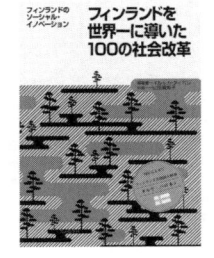

フィンランドの強い競争力と高い生活水準は、個人の努力と自己開発を動機づけ、同時に公的な支援も提供する、北欧型福祉社会に基づいています。民主主義、人権に対する敬意、憲法国家の原則と優れた政治が社会の堅固な基盤です。
‥‥この本の100余りの論文は、多様でかつ興味深いソーシャルイノベーションを紹介しています。‥‥フィンランド社会とそのあり方を照らし出しているので、私は、読者の方がこの本から、どこにおいても応用できるようなアイディアを見つけられると信じます。
（刊行によせて-フィンランド共和国大統領　タルヤ・ハロネン）

公共経営入門　─公共領域のマネジメントとガバナンス

トニー・ボベール／エルク・ラフラー-編著　みえガバナンス研究会-翻訳
A5判・250頁　定価2,625円　ISBN978-4-87555-533-9　C3030

本書は、大きく3部で構成されている。まず第1部では、NPMといわれる第一世代の行革から、多様な主体のネットワークによるガバナンスまで、行政改革の国際的な潮流について概観している。第2部では、行政分野のマネジメントについて考察している。‥‥‥‥本書では、行政と企業との違いを踏まえた上で、民間企業で発展した戦略経営やマーケティングをどう行政経営に応用したらよいのかを考えている。第3部では、最近盛んになった公共領域についてのガバナンス論についてくわしく解説した上で、ガバナンスを重視する立場からは地域社会や市民とどう関わっていったらよいのかなどについて述べている。　　　　（「訳者まえがき」より）

自治体再構築

松下圭一（法政大学名誉教授）　定価 2,940 円

- ●官治・集権から自治・分権への転型期にたつ日本は、政治・経済・文化そして軍事の分権化・国際化という今日の普遍課題を解決しないかぎり、閉鎖性をもった中進国状況のまま、財政破綻、さらに「高齢化」「人口減」とあいまって、自治・分権を成熟させる開放型の先進国状況に飛躍できず、衰退していくであろう。
- ●この転型期における「自治体改革」としての〈自治体再構築〉をめぐる 2000 年～ 2004 年までの講演ブックレットの 総集版。

1　自治体再構築の市民戦略
2　市民文化と自治体の文化戦略
3　シビル・ミニマム再考
4　分権段階の自治体計画づくり
5　転型期自治体の発想と手法

社会教育の終焉 [新版]

松下圭一（法政大学名誉教授）　定価 2,625 円

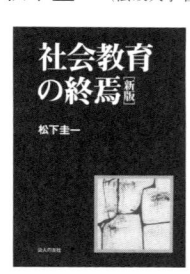

- ●86年の出版時に社会教育関係者に厳しい衝撃を与えた幻の名著の復刻・新版。
- ●日本の市民には、〈市民自治〉を起点に分権化・国際化をめぐり、政治・行政、経済・財政ついで文化・理論を官治・集権型から自治・分権型への再構築をなしえるか、が今日あらためて問われている。

序章　日本型教育発想
Ⅰ　公民館をどう考えるか
Ⅱ　社会教育行政の位置
Ⅲ　社会教育行政の問題性
Ⅳ　自由な市民文化活動
終章　市民文化の形成　　　あとがき　　　新版付記

自治・議会基本条例論　自治体運営の先端を拓く

神原　勝（北海学園大学教授・北海道大学名誉教授）　定価 2,625 円

生ける基本条例で「自律自治体」を創る。その理論と方法を詳細に説き明かす。7年の試行を経て、いま自治体基本条例は第2ステージに進化。めざす理想型、総合自治基本条例＝基本条例＋関連条例

プロローグ
Ⅰ　自治の経験と基本条例の展望
Ⅱ　自治基本条例の理論と方法
Ⅲ　議会基本条例の意義と展望
エピローグ
条例集
　1　ニセコ町まちづくり基本条例
　2　多治見市市政基本条例
　3　栗山町議会基本条例

No.45 障害年金と人権
―代替的紛争解決制度と大学・専門集団の役割―
橋本宏子・森田明・湯浅和恵・池原毅和・青木久馬・澤静子・佐々木久美子 1,400円

No.46 地方財政健全化法で財政破綻は阻止できるか
夕張・篠山市の財政運営責任を追及する
高寄昇三 1,200円

No.47 地方政府と政策法務
市民・自治体職員のための基本テキスト
加藤良重 1,200円

No.48 政策財務と地方政府
市民・自治体職員のための基本テキスト
加藤良重 1,400円

No.49 政令指定都市がめざすもの
高寄昇三 1,400円

政策・法務基礎シリーズ
――東京都市町村職員研修所編

No.1 これだけは知っておきたい
自治立法の基礎 600円

No.2 これだけは知っておきたい
政策法務の基礎 800円

朝日カルチャーセンター地方自治講座ブックレット

No.1 自治体経営と政策評価
山本清 1,000円

No.2 ガバメント・ガバナンスと行政評価システム
星野芳昭 1,000円

No.4 政策法務は地方自治の柱づくり
辻山幸宣 1,000円

No.5 政策法務がゆく
北村喜宣 1,000円

シリーズ「生存科学」
（東京農工大学生存科学研究拠点 企画・編集）

No.2 再生可能エネルギーで地域がかがやく
―地産地消型エネルギー技術―
秋澤淳・長坂研・堀尾正靱・小林久 1,100円

No.4 地域の生存と社会的企業
―イギリスと日本との比較をとおして―
柏雅之・白石克孝・重藤さわ子 1,200円

No.5 地域の生存と農業知財
澁澤栄・福井隆・正林真之 1,000円

No.6 風の人・土の人
―地域の生存とNPO―
千賀裕太郎・白石克孝・柏雅之・福井隆・飯島博・曽根原久司・関原剛 1,400円

No.9 ボランティアを始める前に
佐野章二 777円

No.10 自治体職員の能力
自治体職員能力研究会

No.11 パブリックアートは幸せか
山岡義典 1,166円

No.12 市民がになう自治体公務
パートタイム公務員論研究会 1,359円

No.13 行政改革を考える
山梨学院大学行政研究センター 1,166円

No.14 上流文化圏からの挑戦
山梨学院大学行政研究センター 1,166円

No.15 市民自治と直接民主制
高寄昇三 951円

No.16 議会と議員立法
上田章・五十嵐敬喜 1,600円

No.17 分権段階の自治体と政策法務
松下圭一他 1,456円

No.18 地方分権と補助金改革
高寄昇三 1,200円

No.19 分権化時代の広域行政のあり方
山梨学院大学行政研究センター 1,200円

No.20 あなたのまちの学級編成と地方分権
田嶋義介 1,200円

No.21 自治体も倒産する
加藤良重 1,000円

No.22 ボランティア活動の進展と自治体の役割
山梨学院大学行政研究センター 1,200円

No.23 新版・2時間で学べる「介護保険」
加藤良重 800円

No.24 男女平等社会の実現と自治体の役割
山梨学院大学行政研究センター 1,200円

No.25 市民がつくる東京の環境・公害条例
市民案をつくる会 1,000円

No.26 東京都の「外形標準課税」はなぜ正当なのか
青木宗明・神田誠司 1,000円

No.27 少子高齢化社会における福祉行政基本条例の理論と実際
神原勝・佐藤克廣・辻道雅宣 1,100円

No.28 財政再建団体
橋本行史 1,000円 [品切れ]

No.29 交付税の解体と再編成
高寄昇三 1,000円

No.30 町村議会の活性化
中村征之・大森彌 1,200円

No.31 地方分権と法定外税
外川伸一 800円

No.32 東京都銀行税判決と課税自主権
高寄昇三 1,000円

No.33 都市型社会と防衛論争
松下圭一 900円

No.34 中心市街地の活性化に向けて
山梨学院大学行政研究センター 1,200円

No.35 自治体企業会計導入の戦略
高寄昇三 1,100円

No.36 行政基本条例の理論と実際
神原勝・佐藤克廣・辻道雅宣 1,100円

No.37 市民文化と自治体文化戦略
松下圭一 800円

No.38 まちづくりの新たな潮流
山梨学院大学行政研究センター 1,200円

No.39 ディスカッション・三重の改革
中村征之・大森彌 1,200円

No.40 政務調査費
宮沢昭夫 1,200円

No.41 市民自治の制度開発の課題
山梨学院大学行政研究センター 1,100円

No.42 《改訂版》自治体破たん・「夕張ショック」の本質
橋本行史 1,200円

No.43 分権改革と政治改革〜自分史として
西尾勝 1,200円

No.44 自治体人材育成の着眼点
浦野秀一・井澤壽美子・野田邦弘・西村浩・三関浩司・杉谷知也・坂口正治・田中富雄 1,200円

地方自治ジャーナルブックレット

No.73 地域民主主義の活性化と自治体改革
山口二郎 600円

No.74 分権は市民への権限委譲
上原公子 1,000円

No.75 今、なぜ合併か
瀬戸亀男 800円

No.76 市町村合併をめぐる状況分析
小西砂千夫 800円

No.78 ポスト公共事業社会と自治体政策
五十嵐敬喜 800円

No.80 自治体人事政策の改革
西部忠 900円

No.82 地域通貨と地域自治
森啓 800円

No.83 北海道経済の戦略と戦術
宮脇淳 800円

No.84 地域おこしを考える視点
矢作弘 700円

No.87 北海道行政基本条例論
神原勝 1,100円

No.90 「協働」の思想と体制
森啓 800円

No.91 協働のまちづくり 三鷹市の様々な取組みから
秋元政三 700円

No.92 シビル・ミニマム再考 ベンチマークとマニフェスト
松下圭一 900円

No.93 市町村合併の財政論
高木健二 800円

No.95 市町村行政改革の方向性 〜ガバナンスとNPMのあいだ
佐藤克廣 800円

No.96 創造都市と日本社会の再生
佐々木雅幸 800円

No.97 地方政治の活性化と地域政策
山口二郎 800円

No.98 多治見市の政策策定と政策実行
西寺雅也 800円

No.99 自治体の政策形成力
森啓 700円

No.100 自治体再構築の市民戦略
松下圭一 900円

No.101 維持可能な社会と自治 〜『公害』から『地球環境』へ
宮本憲一 900円

No.102 道州制の論点と北海道
神原勝 1,000円

No.103 自治体基本条例の理論と方法
神原勝 1,100円

No.104 働き方で地域を変える 〜フィンランド福祉国家の取り組み
山田眞知子 800円

No.108 公共をめぐる攻防 〜市民的公共性を考える
樽見弘紀 600円

No.108 三位一体改革と自治体財政
岡本全勝・山本邦彦・北良治・逢坂誠二・川村喜芳 1,000円

No.109 連合自治の可能性を求めて サマーセミナーin奈井江
松岡市郎・堀則文・三本英司・佐克廣・砂川敏文・北良治 他 1,000円

No.110 「市町村合併」の次は「道州制」か
高橋彦芳・北良治・脇紀美夫・井直樹・森啓 1,000円

No.111 コミュニティビジネスと建設帰農
松本懿・佐藤吉彦・橋場利夫・山北博明・飯野政一・神原勝 1,000円

No.112 「小さな政府」論とはなにか
牧野富夫 700円

No.113 栗山町発・議会基本条例
橋場利勝・神原勝 1,200円

No.114 北海道の先進事例に学ぶ
宮谷内留雄・安斎保・見野全・佐藤克廣・神原勝 1,000円

No.115 地方分権改革のみちすじ ―自由度の拡大と所掌事務の拡大―
西尾勝 1,200円

No.3 使い捨ての熱帯林 熱帯雨林保護法律家リーグ 971円

No.4 自治体職員世直し志士論
村瀬誠 971円

No.8 市民的公共性と自治
今井照 1,166円［品切れ］

No.6 マーケットと地域をつなぐパートナーシップ
—協会という連帯のしくみ
白石克彦編・園田正彦著 1,000円

No.7 政府・地方自治体と市民社会の戦略的連携
—英国コンパクトにみる先駆的な場信敬編著 1,000円

No.8 財政縮小時代の人材戦略
大矢野修編著 1,400円

No.10 多治見モデル
坂本勝著 1,100円

No.11 行政学修士教育と人材育成
—米中の現状と課題—
宮本憲一 1,100円

アメリカ公共政策大学院の認証評価システムと評価基準
—NASPAAのアクレディテーションの検証を通して—
早田幸政 1,200円

地方自治土曜講座ブックレット

No.2 自治体の政策研究
森啓 600円

No.22 地方分権推進委員会勧告とこれからの地方自治
西尾勝 500円

No.34 政策立案過程への「戦略計画」
少子高齢社会と自治体の福祉
篠原一 1,000円

No.42 改革の主体は現場にあり
山田孝夫 900円

No.43 自治と分権の政治学
鳴海正泰 1,100円

No.44 公共政策と住民参加
宮本憲一 1,100円

No.45 農業を基軸としたまちづくり
小林康雄 800円

No.46 これからの北海道農業とまちづくり
篠田久雄 800円

No.47 自治の中に自治を求めて
佐藤守 1,000円

No.48 介護保険は何を変えるのか
池田省三 1,100円

No.49 介護保険と広域連合
大西幸雄 1,000円

No.50 自治体職員の政策水準
森啓 1,100円

No.51 分権型社会と条例づくり
篠原一 1,000円

No.52 自治体における政策評価の課題
佐藤克廣 1,000円

No.53 小さな町の議員と自治体
室崎正之 900円

No.54 改正地方自治法とアカウンタビリティ
鈴木庸夫 1,200円

No.56 財政運営と公会計制度
宮脇淳 1,100円

No.59 環境自治体とISO
畠山武道 700円

No.60 転型期自治体の発想と手法
松下圭一 900円

No.61 分権の可能性
スコットランドと北海道
山口二郎 600円

No.62 機能重視型政策の分析過程と財務情報
宮脇淳 800円

No.63 自治体の広域連携
佐藤克廣 900円

No.64 分権時代における地域経営
見野全 700円

No.65 町村合併は住民自治の区域の変更である。
森啓 800円

No.66 自治体学のすすめ
田村明 900円

No.67 市民・行政・議会のパートナーシップを目指して
松山哲男 700円

No.69 新地方自治法と自治体の自立
井川博 900円

No.70 分権型社会の地方財政
神野直彦 1,000円

No.71 自然と共生した町づくり
宮崎県・綾町
森山喜代香 700円

No.72 情報共有と自治体改革
ニセコ町からの報告
片山健也 1,000円

福島大学ブックレット『21世紀の市民講座』

No.1 外国人労働者と地域社会の未来
桑原靖夫・香川孝三（著） 900円

No.2 自治体政策研究ノート
坂本恵（編著） 900円

No.3 住民による「まちづくり」の作法
今井照 900円

No.4 市民の権利擁護
富田哲 900円

No.5 格差・貧困社会における法学の考え方・学び方
——イェーリングにおける「秤」と「剣」
金子勝 900円

都市政策フォーラムブックレット
（首都大学東京・都市教養学部 都市政策コース 企画）

No.1 「新しい公共」と新たな支え合いの創造へ——多摩市の挑戦——
首都大学東京・都市政策コース 900円

No.2 景観形成とまちづくり
——「国立市」を事例として——
首都大学東京・都市政策コース 1,000円

No.3 都市の活性化とまちづくり
——「制度設計から現場まで」——
首都大学東京・都市政策コース 1,000円

No.4 構造改革時代の手続的公正と第2次分権改革
手続的公正の心理学から
鈴木庸夫 1,000円

No.5 自治基本条例はなぜ必要か
辻山幸宣 1,000円 [品切れ]

No.6 自治のかたち法務のすがた
政策法務の構造と考え方
天野巡一 1,100円

No.7 自治体再構築における
行政組織と職員の将来像
今井照 1,100円

No.8 持続可能な地域社会のデザイン
植田和弘 1,000円

No.9 政策財務の考え方
加藤良重 1,000円

No.10 市場化テストをいかに導入するべきか ～市民と行政
竹下譲 1,000円

No.11 市場と向き合う自治体
小西砂千夫・稲沢克祐 1,000円

北海道自治研ブックレット

No.1 市民・自治体・政治
再論・人間型としての市民
松下圭一 1,200円

No.2 議会基本条例の展開
その後の栗山町議会を検証する
橋場利勝・中尾修・神原勝 1,200円

TAJIMI CITY ブックレット

No.1 転型期の自治体計画づくり
松下圭一 1,000円

No.3 これからの行政活動と財政
西尾勝 1,000円

地域ガバナンスシステム・シリーズ
（龍谷大学地域人材・公共政策開発システム オープン・リサーチ・センター 企画・編集）

No.1 地域人材を育てる自治体研修改革
土山希美枝 900円

No.2 公共政策教育と認証評価システム——日米の現状と課題——
坂本勝 編著 1,100円

No.3 暮らしに根ざした心地良いまち
野呂昭彦・逢坂誠二・関原剛・吉本哲郎・白石克孝・堀尾正毅 1,100円

No.4 持続可能な都市自治体づくりのためのガイドブック
「オルボー憲章」「オルボー誓約」翻訳所収 1,100円

No.5 英国における地域戦略パートナーシップの挑戦
白石克彦編・的場信敬監訳 900円

「官治・集権」から
「自治・分権」へ

市民・自治体職員・研究者のための
自治・分権テキスト

《出版図書目録》
2009.4

公人の友社

112-0002　東京都文京区小石川 5 − 26 − 8
TEL　03-3811-5701
FAX　03-3811-5795
メールアドレス　koujin@alpha.ocn.ne.jp

●ご注文はお近くの書店へ
　小社の本は店頭にない場合でも、注文すると取り寄せてくれます。
　書店さんに「公人の友社の『〇〇〇〇』をとりよせてください」とお申し込み下さい。5日おそくとも10日以内にお手元に届きます。
●直接ご注文の場合は
　　電話・FAX・メールでお申し込み下さい。（送料は実費）
　　TEL　03-3811-5701　FAX　03-3811-5795
　　メールアドレス　koujin@alpha.ocn.ne.jp
　　　　　　　　　　　（価格は、本体表示、消費税別）